# 깊고 진한
# 육수백과

안충훈 · 조원기 공저

예신 Books

# 머리말

아침이나 저녁에 가정에서 가족의 식사를 준비하는 주부와 남편이라면 "오늘은 어떤 찌개를, 또는 어떤 국을 만들지!" 하는 고민에서 자유로운 사람은 아마 없지 않을까 생각한다. '맛있는 소스 백과'를 시작으로 이어진 이 책은 "어떤 육수를 이용하여 어떤 요리와 소스를 만들지?"라는 생각에 많은 고민을 하는 독자들에게 좀 더 쉽고 빠르게 선택을 할 수 있도록 도움을 주고자 기획하고 출판하게 되었다.

요리를 전공하는 학생과 가족의 영양을 책임지는 주부, 프로 요리사인 셰프 모두를 위한 책을 만들기 위해 일반적인 내용은 물론 전문 용어와 전문 요리 기술을 모두 넣어서, 전문 요리사인 셰프에게는 식재료를 바라보는 생각의 전환점이 될 수 있는 아이디어를 제공하고, 학생과 주부에게는 좋은 음식은 간단히 만들 수 없음을 알리고 싶었다.

국내와 외국을 다니며 공부했던 기억과 셰프 생활 틈틈이 정리해 둔 생각들을 이 책에 모두 쓰고자 노력했다. 채소류를 기본으로 생선 및 해산물, 육류를 이용해 만들 수 있는 육수들을 기본 카테고리로 분류하고, 화학조미료 없이 전문적인 맛을 낼 수 있도록 식재료 사용 비율에 오랜 시간과 노력을 기울여 한국인이 좋아하는 음식들의 레시피를 수정하고 또 수정하며 책을 완성했다.

이 책이 요리에 관심이 있는 모든 사람과 요리업에 종사하는 모든 이들에게 도움이 될 수 있기를 바라며, 앞으로 더 멋진 요리 아이디어와 영양학적으로 더 과학적인 요리들을 독자들과 다시 나눌 수 있기를 기대한다.

거의 3년에 걸친 작업을 끝내고 책을 출간하게 되어 개인적으로 기쁘고, 오랜 시간 동안 함께하며 도움을 준 도서출판 예신 식구들에게 감사를 드린다.

셰프 안충훈(rpain@naver.com)
조원기(chefwon@naver.com)

## CONTENTS

- 머리말 ······················· 3

## 기본 육수

- 채소 육수 ························· 8
- 생선 육수 ························· 9
- 가금류 육수 ······················ 10
- 육류 육수 ······················· 11

## Part 1
## 채소 육수

- 완두콩육수 ····················· 14
- 감자육수 ······················· 16
- 당근육수 ······················· 18
- 토마토육수 ····················· 20
- 양배추육수 ····················· 22
- 김치육수 ······················· 24
- 갈색채소육수 ··················· 26
  - + 버섯불고기 ················· 28
- 아스파라거스육수 ··············· 30
  - + 아스파라거스리소토 ········· 32
- 더덕육수 ······················· 34
- 콩나물육수 ····················· 36
  - + 콩나물해장국 ··············· 38
- 산야초육수 ····················· 40
- 허브육수 ······················· 42
  - + 모둠피클 ··················· 44
- 쿠르부용 ······················· 46
  - + 쿠르부용 이용하여 새우 삶기 ···· 47
- 모둠채소육수 ··················· 48
  - + 미네스트로네 ··············· 50
- 배추육수 ······················· 52

## Part 2 버섯 육수

| | |
|---|---|
| 자연송이육수 ························· 56 | 포르치니버섯육수 ················ 60 |
| + 맑은자연송이브로스 ········· 58 | + 포르치니크림파스타 ········ 62 |

## Part 3 생선과 해산물 육수

| | |
|---|---|
| 생선뼈육수(첫 번째) ············ 66 | 모시조개육수 ······················ 96 |
| + 도다리쑥국 ······················ 68 | + 봉골레파스타 ·················· 98 |
| + 민물고기매운탕 ··············· 70 | + 해산물토마토파스타 ······ 100 |
| + 생선완자탕 ······················ 71 | + 전복죽 ··························· 102 |
| 생선뼈육수(두 번째) ············ 72 | 사프란조개육수 ················· 104 |
| + 생선내장탕 ······················ 74 | + 파에야 ··························· 106 |
| + 부야베스 ························· 76 | 황태육수 ····························· 108 |
| + 비스크 ····························· 78 | + 황태찜 ··························· 110 |
| 해산물우동육수 ···················· 80 | + 바지락칼국수 ················ 112 |
| 일식 육수(다시) ···················· 82 | 장어뼈육수 ·························· 114 |
| 새우육수 ······························· 84 | 멸치육수 ····························· 116 |
| + 새우탕 ····························· 86 | + 멸치국수 ······················· 118 |
| + 새우죽 ····························· 88 | + 부대찌개 ······················· 120 |
| 꽃게육수(첫 번째) ················ 90 | + 시래기된장국 ················ 122 |
| 꽃게육수(두 번째) ················ 92 | + 국수전골 ······················· 123 |
| + 생태씨개 ························· 94 | |

차례 **5**

| | | | |
|---|---|---|---|
| 디포리(밴댕이)육수 | 124 | 바지락육수 | 154 |
| + 불고기낙지전골 | 126 | + 꽃게탕 | 156 |
| + 오분자기뚝배기 | 128 | + 순두부찌개 | 158 |
| + 배추버섯된장국 | 129 | 성게육수 | 160 |
| 미역육수 | 130 | + 성게미역국 | 162 |
| 굴육수 | 132 | + 성게국수 | 164 |
| + 굴탕 | 134 | 가다랑어포육수 | 166 |
| + 매생잇국 | 136 | + 일식 된장국 | 168 |
| + 매생이수프 | 138 | + 일식 메밀국수 | 170 |
| 재첩육수 | 140 | + 전복찜 | 172 |
| 홍합육수 | 142 | 문어육수 | 174 |
| + 사천탕 | 144 | + 문어국수 | 176 |
| + 짬뽕 | 146 | | |
| + 톰얌쿵 | 148 | | |
| + 해물전골 | 150 | | |
| + 샤부샤부 | 152 | | |

## Part 4 고기와 고기뼈 육수

| | | | |
|---|---|---|---|
| 사골육수 | 180 | + 비프콩소메 | 204 |
| + 김치전골 | 182 | + 쇠고기탕 | 206 |
| + 떡국 | 184 | + 쇠고기죽 | 208 |
| 맑은갈색사골육수 | 186 | 쇠고기·뼈육수 | 210 |
| + 고기국수 | 188 | + 쇠고기얼갈이해장국 | 212 |
| + 도가니탕 | 190 | + 청국장 | 214 |
| 사태육수 | 192 | 돼지고기육수 | 216 |
| 양지머리육수 | 194 | + 비지찌개 | 218 |
| + 육개장 | 196 | + 김치찌개 | 220 |
| + 물냉면 | 198 | 돼지뼈육수 | 222 |
| + 버섯전골 | 200 | + 감자탕 | 224 |
| 쇠고기육수 | 202 | + 미트소스스파게티 | 226 |

| | |
|---|---|
| 닭육수(첫 번째) ········· 228 | + 버섯탕 ········· 242 |
| + 닭칼국수 ········· 230 | 닭육수(세 번째) ········· 244 |
| + 버섯수프 ········· 232 | 오리뼈육수 ········· 246 |
| 닭육수(두 번째) ········· 234 | + 오리백숙 ········· 248 |
| + 쌀국수 ········· 236 | |
| + 한방삼계탕 ········· 238 | |
| + 닭볶음탕 ········· 240 | |

# Part 5
## 육수 자체가 요리인 경우

| | |
|---|---|
| 황태해장국 ········· 252 | 설렁탕 ········· 256 |
| 재첩국 ········· 254 | 갈비탕 ········· 258 |

# Part 6
## 육수로 만드는 소스

| | |
|---|---|
| 장어데리야키소스 ········· 262 | 샤쇠르소스 ········· 274 |
| 홍파프리카소스 ········· 264 | 탕수육소스 ········· 276 |
| 아메리칸소스 ········· 266 | 치킨데리야키소스 ········· 278 |
| 데미글라스소스 ········· 268 | 타이바비큐소스 ········· 280 |
| 적포도주소스 ········· 270 | 미트소스 ········· 282 |
| 비가라드소스 ········· 272 | |

● 찾아보기 ········· 284

# 기본 육수

채소 육수 | 생선 육수 | 가금류 육수 | 육류 육수

### 1. 채소 육수

양파, 대파, 당근, 셀러리 등 향신 채소를 기본으로 하여 향신료(월계수잎, 타임, 오레가노 등)를 첨가하여 만드는 육수이다.

가정에서 식용으로 사용 가능한 채소는 모두가 채소 육수의 재료가 될 수 있으며, 기본적인 채소 육수에 멸치 또는 다시마나 육류와 가금류의 뼈를 더해서 다른 종류의 육수를 만들어 낼 수 있다.

또한 버섯과 과일을 함께 넣어 만들어 따뜻한 차로 마시거나 식혀서 음료로 섭취할 수도 있다.

채소에는 풍부한 비타민과 식이섬유가 함유되어 있어 건강에 좋지만 요리 과정에서 사용되는 열에 많이 파괴되거나 줄어든다. 하지만 비타민 D와 E는 열에 강하여 조리 후에도 많은 흡수가 가능하다.

## 2. 생선 육수

흰살 생선을 주로 사용하는 생선 육수는 맑고 투명한 색이 기본이지만 사용되는 채소와 육수를 만드는 시간, 불의 온도에 따라 색이 결정되기도 한다.

예를 들어 생선 육수를 이용해 미역국을 만들어 본다면, 맑고 투명한 생선 육수를 이용해 만들 수도 있지만 생선뼈를 강한 불에서 오랜 시간 끓여, 쇠뼈로 만든 사골 육수처럼 진한 백색의 육수로도 만들어 낼 수 있다. 이것을 이용해 미역국을 만든다면 생선 육수의 진한 맛을 느낄 수 있다. 다만 생선뼈를 강한 불에서 장시간 끓일 경우 발생하는 생선 특유의 비린 향을 마늘과 생강, 대파, 청주 등을 이용해 잘 억제해야 좋은 맛을 내는 육수를 만들 수 있다.

생선은 두뇌 발달과 성인병 예방, 다이어트에 좋은 장수 식품으로 소화 흡수율이 높은 양질의 단백질과 영양 성분, 특히 DHA와 EPA가 풍부한 것으로 알려져 있다.

멸치육수 또한 생선 육수로 살과 뼈를 같이 사용해 더욱 풍부한 영양소를 가진다. 멸치에는 성장기 어린이나 성인들의 뼈를 튼튼하게 만들어 주는 양질의 칼슘이 들어 있는데, 흡수율을 높이기 위해서는 건조된 멸치를 곱게 갈아 육수를 만들어 육수와 같이 먹는 것이 좋다.

## 3. 가금류 육수

　대표적인 가금류 육수는 닭으로 만드는 닭육수이다. 닭과 채소 등을 같이 넣어 만들기도 하고, 닭뼈를 주재료로 하여 만들기도 한다. 닭육수는 맑고 투명한 색의 육수와, 닭뼈와 채소를 오븐에 구워 만든 갈색 육수로 크게 나누어 사용할 수 있다.

　맑은색 닭육수는 수프, 소스, 전골, 면 요리 등에 다양하게 사용되며, 갈색 닭육수 또한 같은 방법으로 수프, 소스, 전골 등에 동일하게 사용할 수 있다. 하지만 소스와 요리에 더욱 진한 색과 향, 맛을 내길 원한다면 갈색 닭육수를 추천한다.

　닭은 가격이 저렴한 것에 비하여 맛이 있기 때문에 닭을 이용한 육수가 많이 개발되고 많이 사용되고 있다.

　또한 오리뼈를 이용한 육수로 소스를 만들기도 하며 메추라기, 비둘기를 이용하여 육수를 내어 소스를 만들기도 한다. 이들은 독특한 향과 맛을 지니고 있어 허브와 주류, 채소를 넣어서 육수를 만든다.

## 4. 육류 육수

많은 종류의 육류 육수가 있다. 쇠고기, 돼지고기, 양고기 등 식용으로 사용되는 모든 고기의 뼈와 살로 육수를 만들어 낼 수 있다.

그 중 가장 많이 사용하는 것은 쇠고기육수일 것이다. 쇠고기와 쇠뼈를 같이 사용해 만드는 육수와, 쇠뼈만 사용해 만드는 육수 등 육수를 만드는 방법 또한 다양하다.

쇠고기육수 또한 맑고 투명한 색의 육수와, 쇠뼈와 채소에 색을 내어 만드는 갈색 육수로 크게 나눌 수 있다. 맑은색 육수는 전골, 맑은 탕, 냉면 등 많은 요리에 사용하며, 갈색 육수는 고추장과 간장 양념장의 재료로 사용한다.

서양식 요리에서는 쇠고기육수를 수프, 소스에 사용하여 풍부하고 진한 맛과 향을 가진 요리를 만들어 낸다. 갈색 육수로 만드는 양파수프는 대표적인 서양 요리 중 하나이며, 한국 요리에서는 쇠뼈를 강한 불에서 장시간 끓여 만들어 내는 곰탕을 대표로 들 수 있겠다.

# 채소 육수

완두콩육수 · 감자육수 · 당근육수 · 토마토육수 · 양배추육수 · 김치육수 · 갈색채소육수 버섯불고기 · 아스파라거스육수 아스파라거스리소토 · 더덕육수 · 콩나물육수 콩나물해장국 · 산야초육수 · 허브육수 모둠피클 · 쿠르부용 쿠르부용 이용하여 새우 삶기 · 모둠채소육수 미네스트로네 · 배추육수

채소 육수

# 완두콩육수

### information

- **맛의 특징**  채소의 담백함에 베이컨을 더해 감칠맛을 가미한 육수

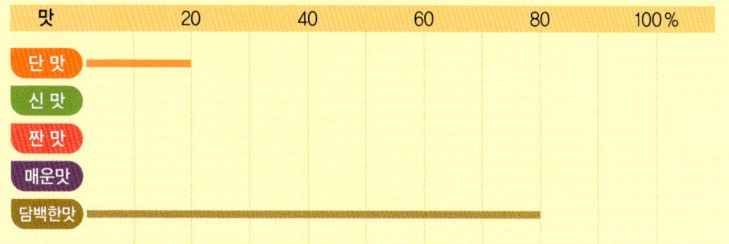

- **보관 기간**  냉장 보관 3일, 냉동 보관 10일
- **어울리는 요리**  수프, 소스, 이유식 등

## 만드는 법

1. 통마늘은 칼 옆면으로 눌러서 으깨고, 양파와 베이컨은 4등분한다.
2. 마른 다시마는 젖은 수건으로 겉을 닦는다.
3. 냄비에 올리브유를 두르고 으깬 마늘과 베이컨을 볶다가 양파를 넣어 투명해질 때까지 볶는다.
4. 3에 백포도주를 넣어 잡냄새를 없앤 후 나머지 모든 재료를 넣고 끓인다.
5. 끓으면 약한 불로 줄인 후 10분 뒤 다시마를 건져 내고 거품을 걷어 내며 1시간 반 정도 끓인다.
6. 시간이 되면 고운 천에 부어 완두콩은 국자로 눌러 으깨고 나머지 건더기는 건져 낸 후 고운체에 내려 육수를 완성한다.

 **재료**

통마늘 3쪽
양파 1/2개
베이컨 4장
마른 다시마 10g
올리브유 3큰술
백포도주 3큰술
물 3L
완두콩 300g
흰 통후추 10알
월계수잎 2장

**MEMO**

완두콩육수와 삶은 완두콩, 베이컨과 생크림을 냄비에 넣고 끓여 믹서에 곱게 갈아 체에 거르면 완두콩수프를 만들 수 있다. 한편 육수를 줄이고 모든 재료를 곱게 갈아 되직하게 만들면 육류와 생선스테이크에 어울리는 벨루테 소스(veloute sauce)를 얻을 수 있다.

채소 육수

# 감자육수

### information

• 맛의 특징   감자와 마늘 향이 잘 어울리는 육수

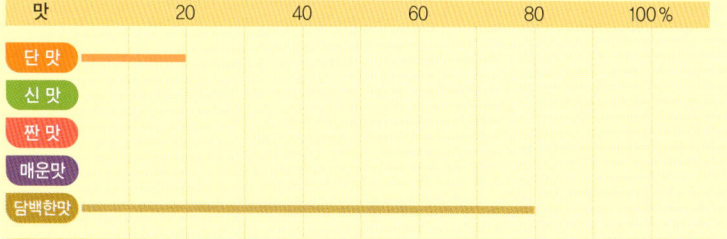

• 보관 기간   냉장 보관 3일, 냉동 보관 10일
• 어울리는 요리   수프, 소스, 담백한 국 등

## 만드는 법

1. 감자는 흐르는 물에 씻어 껍질을 벗긴 후 8등분한다.
2. 통마늘은 칼 옆면으로 눌러서 으깨고, 양파와 베이컨은 4등분한다.
3. 냄비에 올리브유를 두르고 으깬 마늘과 베이컨을 볶다가 감자, 양파를 넣고 볶는다.
4. 3에 백포도주를 넣어 잡냄새를 없앤 후 물과 월계수잎을 넣고 끓인다.
5. 끓으면 약한 불로 줄이고 거품을 걷어 내며 1시간 반 정도 끓인다.
6. 시간이 되면 건더기를 건져 내고 고운체에 내려 육수를 완성한다.

감자 3개
통마늘 10쪽
양파 1개
베이컨 3장
올리브유 3큰술
백포도주 3큰술
물 3L
월계수잎 3장

**MEMO**

육류(또는 해산물)와 채소를 함께 사용할 경우에는 마늘, 육류(또는 해산물), 단단한 채소 순서로 넣어 볶는다.

채소 육수

# 당근육수

## information

- 맛의 특징    당근 특유의 단맛으로 설탕 등 단맛의 조리가 필요 없는 육수

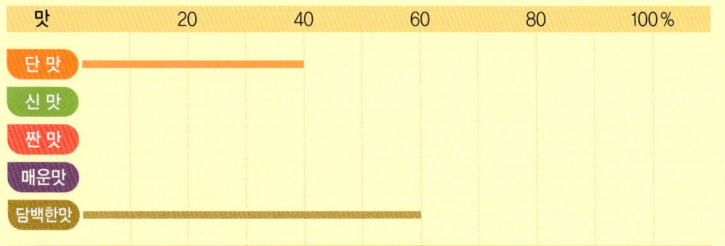

- 보관 기간    냉장 보관 3일, 냉동 보관 10일
- 어울리는 요리    수프, 죽, 담백한 국 등

## 만드는 법

1. 통마늘은 칼 옆면으로 눌러서 으깬다. 당근은 얇게 자르고, 양파와 대파는 8등분한다.
2. 쇠고기는 4등분한다.
3. 냄비에 올리브유를 두르고 으깬 마늘과 쇠고기를 볶다가 당근, 양파, 대파를 넣고 볶는다.
4. 3에 백포도주를 넣어 잡냄새를 없앤 후 물을 붓고 월계수잎과 검은 통후추를 넣어 끓인다.
5. 끓으면 약한 불로 줄이고 거품을 걷어 내며 1시간 반 정도 끓인다.
6. 시간이 되면 건더기를 건져 내고 고운 천에 걸러 육수를 완성한다.

 재료

통마늘 5쪽
당근 5개
양파 1개
대파 1줄기
쇠고기(국거리용) 100g
올리브유 3큰술
백포도주 3큰술
물 2.5L
월계수잎 2장
검은 통후추 10알

**MEMO**

깨끗이 씻은 쌀 50g에 쇠고기 간 것과 당근육수를 넣고 죽을 만들어 이유식으로 사용해도 좋다. 당근의 달콤함과 죽의 부드러움, 쇠고기의 깊은 맛이 어우러져서 좋은 이유식이 된다.

채소 육수
# 토마토육수

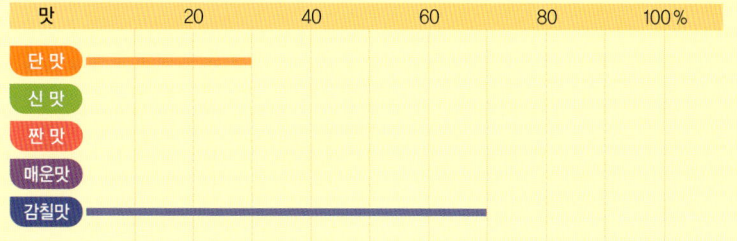

- **맛의 특징** 토마토의 향과 색이 식욕을 당기는 육수

- **보관 기간** 냉장 보관 2일, 냉동 보관 10일
- **어울리는 요리** 수프, 소스 등

## 만드는 법

1. 통마늘은 칼 옆면으로 눌러서 으깨고, 양파와 토마토는 8등분한다.
2. 냄비에 올리브유를 두르고 으깬 마늘과 양파를 넣어 투명하게 볶은 후 토마토를 넣고 살짝 볶는다.
3. 2에 물을 붓고 생바질과 월계수잎을 넣어 끓인다.
4. 끓으면 약한 불로 줄이고 거품을 걷어 내며 1시간 정도 끓인다.
5. 시간이 되면 건더기를 건져 내고 고운 천에 걸러 육수를 완성한다.

### 재료

통마늘 5쪽
양파 2개
토마토 8개
올리브유 3큰술
물 3L
생바질 20g
월계수잎 2장

### MEMO

**감칠맛**

토마토에는 다시마, 조개, 새우, 가다랑어포처럼 감칠맛을 내는 성분이 함유되어 있다. 감칠맛은 국제 공용어로 우마미(うまみ, umami)라고 하는데, 이는 처음 다시마에서 감칠맛을 발견한 일본 화학자가 우마미라고 부른 것에 그 계기가 있다. 감칠맛을 일으키는 물질은 아미노산의 일종인 글루탐산(glutamic acid) 성분으로, 이것은 음식의 맛을 돋우어 주는 역할을 한다. 육수에 다시마, 마른 새우, 토마토, 꽃게 등을 넣는 것은 우마미, 즉 감칠맛을 극대화하기 위함이다.

채소 육수

# 양배추육수

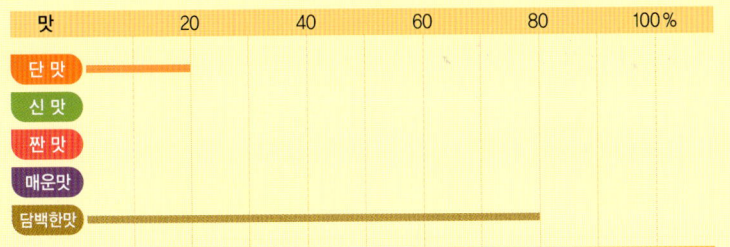

- 맛의 특징  양배추 맛이 달콤하며, 표고버섯의 향과 다시마의 감칠맛이 좋은 육수
- 보관 기간  냉장 보관 2일, 냉동 보관 10일
- 어울리는 요리  수프, 죽, 이유식, 담백한 국 등

## 만드는 법

1. 양배추는 흐르는 물에 씻어 6등분하고, 양파와 무도 6등분한다.
2. 마른 다시마는 젖은 수건으로 겉을 닦아 놓고, 표고버섯은 흐르는 물에 씻어 준비한다.
3. 냄비에 모든 재료를 넣고 끓인다.
4. 끓으면 약한 불로 줄이고 5분 뒤에 다시마를 건져 낸 후 거품을 걷어 내며 1시간 정도 끓인다.
5. 시간이 되면 건더기를 고운체에 걸러 내어 육수를 완성한다.

 재료

양배추 1/2통
양파 1/2개
무 1/4개
마른 다시마 20g
표고버섯 5개
물 2L

**MEMO**

**양배추**

요거트, 올리브와 함께 세계 3대 장수 식품으로 알려져 있는 양배추는 굉장히 많은 영양적 가치를 가지고 있다. 위장 질환과 대장 질환에 좋은 효과를 볼 수 있으며, 항산화·항노화 작용을 하고, 눈의 피로를 완화시켜 주기도 한다.
한편 양배추에는 요오드 흡수를 방해하는 물질이 함유되어 있어 갑상선 질환으로 약을 복용하는 사람은 양배추를 피해야 하며, 과민성 대장증후군 환자도 가스를 유발하는 양배추를 삼가는 것이 좋다.

채소 육수
# 김치육수

24

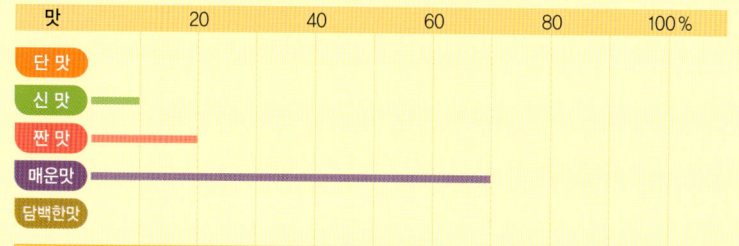

- 보관 기간  냉장 보관 2일, 냉동 보관 10일
- 어울리는 요리  수프, 죽, 해장국, 해산물을 이용한 국·탕 등

## 만드는 법

1. 배추김치는 흐르는 물에 고춧가루를 씻어 내고 물기를 짠 후 손가락 길이로 자른다.
2. 마른 다시마는 젖은 수건으로 겉을 닦아 놓는다.
3. 대파와 무는 깨끗이 씻어 4등분한다.
4. 냄비에 모든 재료를 넣고 끓인다.
5. 끓으면 약한 불로 줄이고 5분 뒤에 다시마를 건져 낸 후 거품을 걷어 내며 1시간 정도 끓인다.
6. 시간이 되면 체에 내려 국멸치와 생강, 무, 대파는 버리고, 김치와 국물만 함께 갈아 고운체에 걸러 육수를 완성한다.

 재료

배추김치 300g
마른 다시마 20g
대파 1줄기
무 300g
국멸치 5마리
통생강 10g
물 3L

**MEMO**

배추, 얼갈이, 봄동 등을 넣고 끓이면 국물 또는 육수에 단맛과 개운한 맛이 돌며, 여기에 다시마와 멸치를 넣으면 감칠맛이 가미가 된다. 김치육수는 해산물을 이용한 요리에 좋으며, 탕이나 국 요리용 육수로 추천한다.

채소 육수

# 갈색채소육수

## information

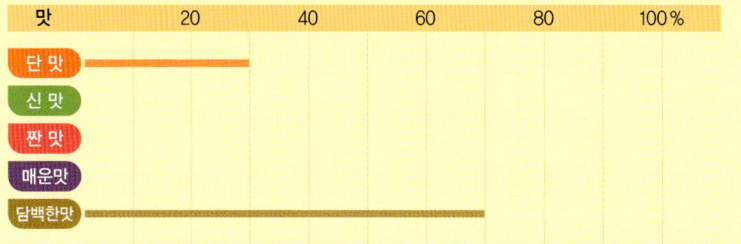

- 맛의 특징  맛과 향 그리고 색이 진해 어떤 요리에도 잘 어울리는 육수
- 보관 기간  냉장 보관 2일, 냉동 보관 10일
- 어울리는 요리  맑은 갈색수프, 브라운소스 등

## 만드는 법

1. 양파와 셀러리는 4등분하고, 당근은 3mm 두께로 자른다.
2. 170℃로 예열한 오븐에 양파와 셀러리, 당근, 통마늘, 파슬리 줄기를 넣고 갈색이 나도록 10분간 굽는다.
3. 냄비에 물과 에서 구운 채소, 월계수잎을 넣고 센 불에서 끓인다.
4. 끓으면 약한 불로 줄이고 10분간 더 끓인다.
5. 10분 뒤 고운체를 이용해 건더기를 걸러 내어 육수를 완성한다.

### 재료

양파 100g
셀러리 30g
당근 20g
통마늘 10g
파슬리 2~3줄기
물 2L
월계수잎 2장

**MEMO**

맑은 갈색채소육수는 일반적인 채소 육수에 비해 향이 풍부하고 맛이 진한 것이 특징으로 색이 진한 요리에 모두 사용 가능하다.

## 버섯불고기

## 건강 식품인 버섯을 듬뿍 넣어 육류 대체용으로 좋은 요리

### 요리 만들기

1. 분량의 불고기 양념 재료를 잘 섞어서 불고기 양념을 만든다.
2. 표고버섯, 새송이버섯은 2cm 두께의 막대 모양으로 자르고, 양파는 채를 썬다.
3. 느타리버섯과 팽이버섯은 먹기 좋게 뜯어 놓는다.
4. 대파는 손가락 두 마디 정도로 자른다.
5. 모든 재료를 냄비에 담아 끓인다.
6. 끓으면 약한 불로 줄여 버섯을 익힌다.

 재료

[2인분]
불고기 양념 100mL
표고버섯 3개
새송이버섯 3개
양파 1개
느타리버섯 200g
팽이버섯 1개
대파 1줄기
쇠고기(불고기용) 300g
다진 마늘 1큰술
갈색채소육수 300mL

[불고기 양념]
유자청 2큰술
배즙 3큰술
저염 간장 60mL
다진 마늘 2큰술
통깨 2큰술
후춧가루 1/2작은술
참기름 1큰술
정종 30mL
맛술 30mL

MEMO
기호에 따라 당면, 만두를 넣어도 좋으며, 간을 고려하여 육수 분량을 더 늘리거나 줄여서 조리하여도 무방하다. 식용 가능한 버섯은 모두 사용 가능하다.

| 채소 육수 | # 아스파라거스 육수

## information

- **맛의 특징** 아스파라거스의 시원한 맛이 닭육수의 담백함과 잘 어울리는 육수

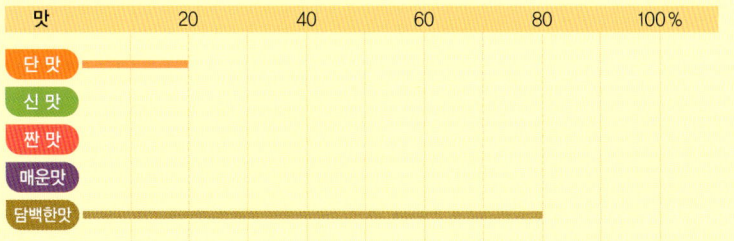

- **보관 기간** 냉장 보관 2일, 냉동 보관 10일
- **어울리는 요리** 수프, 죽, 리소토, 파스타 등

## 만드는 법

1. 양파는 1cm 폭으로 채를 썰고, 아스파라거스는 4등분하고, 통마늘은 칼등으로 눌러 으깬다.
2. 냄비에 버터를 넣고 으깬 마늘, 양파 순서로 넣고 볶다가 아스파라거스를 넣고 볶는다.
3. 2에 닭육수(첫 번째)와 월계수잎을 넣고 끓인다.
4. 끓으면 약한 불로 줄이고 거품을 걷어 내며 1시간 동안 끓인다.
5. 시간이 되면 월계수잎을 건져 낸 후 건더기와 국물을 믹서에 간다.
6. 믹서에 간 것을 고운체에 걸러 육수를 완성한다.

### 재료

양파 1/2개
아스파라거스 200g
통마늘 5쪽
버터 2큰술
닭육수(첫 번째) 2.5L
(228쪽 참고)
월계수잎 4장

**MEMO**

아스파라거스(또는 브로콜리, 콜리플라워 등)는 연한 부분을 잘라 내고 가치가 없는 밑동과 껍질 등으로 육수를 내어도 좋다.

cooking plus

# 아스파라거스리소토

asparagus risotto

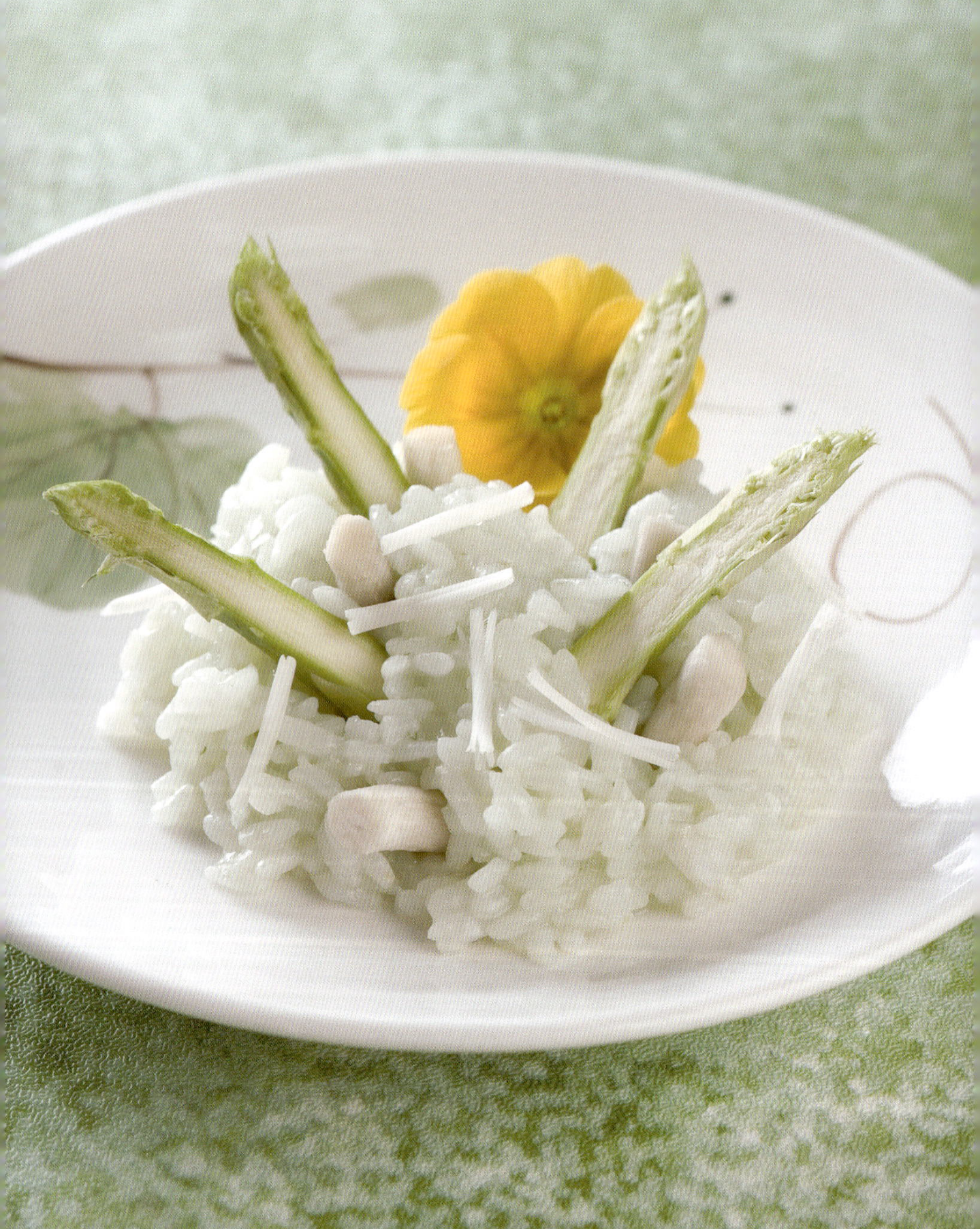

## 부담스럽지 않은 담백한 맛이 일품인 밥 요리

### 요리 만들기

1. 통마늘은 얇게 저미고, 양파와 새송이버섯은 5mm 폭으로 썬다.
2. 아스파라거스는 감자 칼로 섬유질을 얇게 벗긴 후 밑동에서부터 2cm를 잘라 버리고 머리부터 칼집을 넣어 반을 잘라 4등분한 다음, 끓는 물에 10초 정도 데친 후 찬물에 식혀 둔다.
3. 팬에 퓨어올리브유를 두르고 뜨겁게 달군 후 저민 마늘을 볶다가 양파, 아스파라거스, 새송이버섯을 넣고 볶는다.
4. 3에 백포도주를 넣어 잡냄새를 없앤 후 닭육수에 불린 쌀을 넣고 볶는다.
5. 4에 아스파라거스육수를 붓고 저으면서 계속 졸이다가 거의 졸아들면 파르마산 치즈가루를 넣고 젓는다.
6. 소금·후춧가루를 넣고 간을 한 후 엑스트라버진올리브유를 넣고 섞어서 완성한다.

**재료**

[1인분]
통마늘 3쪽
양파 1/2개
새송이버섯 1개
아스파라거스 3줄기
퓨어올리브유 2큰술
백포도주 20mL
닭육수에 불린 쌀 100g
아스파라거스육수 300mL
파르마산 치즈가루 1큰술
소금·후춧가루 적당량
엑스트라버진올리브유 1큰술

> **MEMO**
>
> **리소토(risotto)**
> 리소토는 쌀로 만든 이탈리아 요리로 쌀을 수프와 백포도주로 삶아서 만드는 것인데 육수(또는 물)로 밥을 꼬들꼬들하게(또는 되게) 지어 육수를 붓고 만들어도 된다.

채소 육수
## 더덕육수

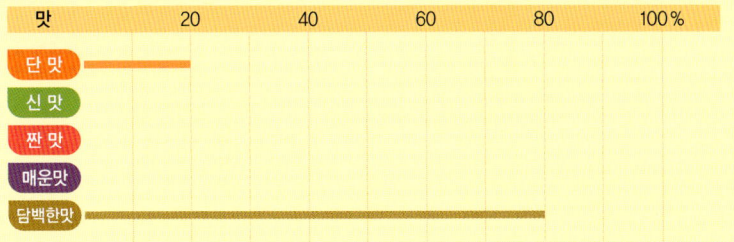

- 맛의 특징  더덕의 강한 향과 맛이 식욕을 자극하는 육수
- 보관 기간  냉장 보관 2일, 냉동 보관 10일
- 어울리는 요리  국수, 죽, 전골 요리, 탕 등

## 만드는 법

1. 쇠고기(양지머리)는 3시간 정도 찬물에 담가 핏물을 제거한다.
2. 통마늘은 칼 옆면으로 눌러서 으깨고, 양파는 4등분하고, 더덕은 깨끗이 씻은 후 칼등으로 두들겨 흐물흐물하게 준비한다.
3. 냄비에 모든 재료를 넣고 끓인다.
4. 끓으면 약한 불로 줄이고 거품을 걷어 내며 1시간 동안 끓인다.
5. 시간이 되면 고운체에 걸러 국물과 더덕만 믹서에 넣고 간다.
6. 믹서에 간 것을 고운체에 걸러 육수를 완성한다.

**재료**

쇠고기(양지머리) 500g
통마늘 5쪽
양파 1/2개
더덕 200g
물 2.5L
청주 100mL
흰 통후추 1/2작은술

**MEMO**

### 더덕

더덕은 폐를 맑게 하는 데 큰 효능이 있다. 또한 천식과 가래를 가라앉히는 데 좋으며, 원기 회복에도 좋다. 한편 많이 섭취하면 혈당이 높아진다는 보고가 있으므로 당뇨병 환자는 적당히 섭취하여야 한다.

채소 육수
# 콩나물육수

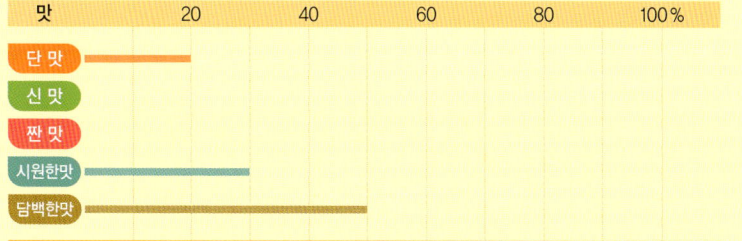

- 맛의 특징  시원한 맛과 담백한 맛이 일품인 육수
- 보관 기간  냉장 보관 2일, 냉동 보관 14일
- 어울리는 요리  콩나물밥, 냉국, 맑은 해산물전골 육수

## 만드는 법

1. 콩나물은 물에 깨끗이 씻어 준비한다.
2. 마른 다시마는 젖은 수건으로 겉을 닦는다.
3. 냄비에 물과 마른 다시마, 디포리를 넣고 가열한다.
4. 물이 끓으면 5분 후에 다시마를 건져 낸 후 콩나물과 통마늘을 넣고 끓인다.
5. 끓기 시작하면 중간 불로 줄이고 10분간 더 끓인 후 체에 걸러 육수를 완성한다.

콩나물 300g
마른 다시마 10g
물 1.5L
디포리 5마리
통마늘 3쪽

**MEMO**

### 콩나물

콩나물은 단백질, 지방질뿐 아니라 비타민 $B_1$, 비타민 $B_2$, 아스코르브산(ascorbic acid = 비타민 C)을 많이 함유하고 있어 영양적으로 아주 좋은 식품이다. 또한 아미노산의 일종인 아스파라긴산(asparagine acid)을 함유하고 있어 숙취 해소에 좋다. 무침을 할 때는 영양소 손실을 적게 하기 위해 지나치게 물속에서 데치지 말고 풋내가 약간 날 때까지 데치는 것이 좋다.

 콩나물해장국

### 콩나물의 시원함과 오징어의 시원함이 잘 어울리는 요리

#### 요리 만들기

1. 콩나물은 물에 깨끗이 씻어 준비한다.
2. 오징어는 껍질을 벗기고 길게 자른다.
3. 대파와 홍고추는 어슷썰기하고, 표고버섯은 0.5cm로 채 썰고, 통마늘은 곱게 다진다.
4. 냄비에 콩나물육수와 다진 마늘을 넣고 끓으면 대파와 홍고추, 표고버섯, 콩나물을 넣고 5분 정도 끓인다.
5. 마지막으로 오징어를 넣고 5분 정도 더 끓여 오징어가 익으면 소금으로 간을 한 후 완성한다.

[2인분]
콩나물 100g
오징어 1/2마리
대파 1/2줄기
홍고추 1개
표고버섯 1개
통마늘 2쪽
콩나물육수 500mL
소금 약간

MEMO

오징어

오징어는 타우린(taurine) 함유량이 높다. 타우린은 심장병, 고혈압, 당뇨병, 동맥 경화증을 예방하고 간장 해독 및 시력 회복에 효능이 있으며 신경 정신 활동을 강화한다. 오징어는 칼로리가 거의 없으며 불포화 지방산이 많고, 오징어 먹물은 항균, 항암 작용을 하는 것으로 잘 알려져 있다. 12~1월에 가장 맛이 좋다.

채소 육수

# 산야초육수

## information

- **맛의 특징**   상쾌한 향과 구수하고 담백한 맛으로 따뜻한 차로 식용하기에도 좋은 육수

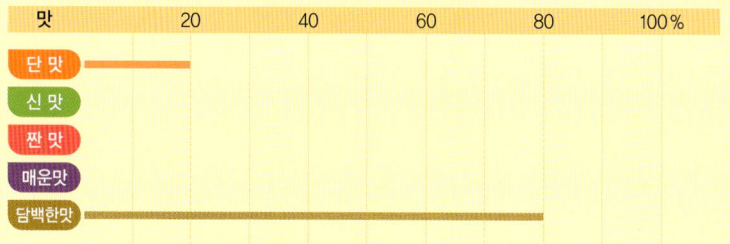

- **보관 기간**   냉장 보관 2일, 냉동 보관 10일
- **어울리는 요리**   닭을 이용한 요리

## 만드는 법

1. 취나물과 음나무, 헛개나무는 살짝 데친 후 건져 내어 불순물을 제거해 둔다.
2. 냄비에 모든 재료를 넣고 끓인다.
3. 끓으면 약한 불로 줄이고 거품을 걷어 내며 30분 동안 끓이다가 취나물을 건져 낸 후 30분간 더 끓인다.
4. 시간이 되면 건더기를 고운체에 걸러 내어 육수를 완성한다.

 재료

취나물 100g
음나무 100g
헛개나무 100g
물 3L
통마늘 10쪽
인삼 2뿌리
대추 10알
표고버섯 5개

**MEMO**

**음나무와 헛개나무**
- 음나무(엄나무) 새순은 개두릅이라 하여 나물로 먹고, 나무껍질은 달여 마시면 피부 질환과 신경통에 효능이 있다.
- 헛개나무는 달여 마시면 간 기능 향상에 효능이 탁월하며, 일반인도 많이 알고 있듯이 알코올 분해 효소가 많아 숙취 해소에 좋다.

채소 육수 **허브육수**

### information

- **맛의 특징**  새콤한 향과 달콤한 맛이 식욕을 자극하는 육수

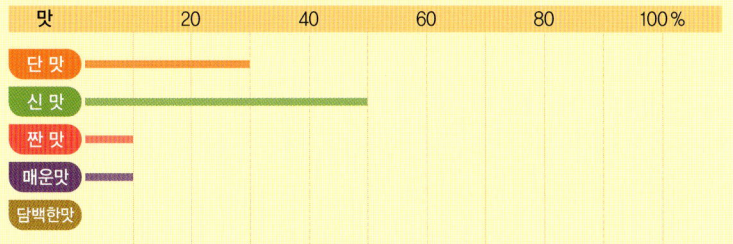

- **보관 기간**  냉장 보관 5일, 냉동 보관 10일
- **어울리는 요리**  피클

## 만드는 법

1. 청양고추는 꼭지를 떼고 길게 반을 잘라 씨를 턴다.
2. 막대 계피는 물에 씻어 준비한다.
3. 식초를 제외한 모든 재료를 냄비에 넣고 끓인다.
4. 끓으면 약한 불로 줄이고 30분 동안 끓인다.
5. 시간이 되면 고운체에 내려 건더기를 걸러 내고, 식으면 식초를 섞어 육수를 완성한다.

 재료

청양고추 2개
막대 계피 1/2개
물 2.5L
피클링스파이스 20g
월계수잎 2~3장
팔각 1개
소금 60g
설탕 450g
간장 120mL
식초 550mL

**MEMO**

허브육수는 피클을 만드는 데 많이 사용한다. 피클은 일반적으로 많이 사용하는 오이나 무 이외에도 양파, 양배추, 당근 등의 여러 가지 채소류와 버섯류, 과일류로도 만들 수 있다.

**cooking plus** 모둠피클

## 새콤달콤한 맛에 독특한 허브 향이 나는 요리

### 요리 만들기

1. 오이는 흐르는 물에 겉껍질에 붙어 있는 거친 부분을 제거하며 씻은 후 길게 잘라 4등분하여 씨를 제거하고 손가락 두 마디 정도로 자른다.
2. 썰어 놓은 오이는 1시간 정도 꽃소금에 재워 뒀다가 물에 살짝 씻어 물기를 제거한다.
3. 양파는 반을 잘라 손가락 두 마디 정도로 자른다.
4. 셀러리는 감자 칼로 섬유질을 얇게 벗겨 낸 후 손가락 두 마디 정도로 자른다.
5. 청양고추와 홍고추는 어슷하게 썬 후 물에 담가 씨를 최대한 제거한다.
6. 준비한 채소를 병에 담고 허브육수를 부어 24시간 냉장 숙성한다.

재료

[2~3인분]
오이 10개
꽃소금 약간
양파 1개
셀러리 2줄기
청양고추 3개
홍고추 3개
허브육수 1.2L

**MEMO**

**피클(pickle)**
피클은 만든 후 시간이 지날수록 오이 색깔이 밝은 초록색에서 어두운 연두색으로 변한다. 익은 지 4~5일 정도가 지나면 이런 색깔을 띠게 되는데, 그때부터 피클 맛을 수시로 확인한다. 식초의 산 성분으로 인해 탈색되고 오이가 뭉그러져 요리가 상할 위험이 있다.

# 쿠르부용 court-bouillon

채소 육수

## information

- **맛의 특징** 레몬의 상쾌한 향과 맛, 채소의 담백함이 잘 어울리는 부용

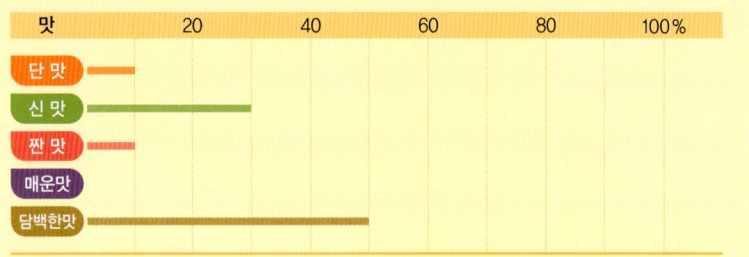

- **보관 기간** 냉장 보관 2일, 냉동 보관 10일
- **어울리는 요리** 해산물 종류나 닭을 삶는 데 등 두루두루 쓰임

## 만드는 법

1. 양파와 셀러리는 8등분한다.
2. 당근은 1cm 두께로 자른다.
3. 냄비에 레몬과 소금을 제외한 모든 재료를 넣은 후 레몬을 씻어 즙을 짜 넣고 남은 레몬 겉껍질을 통째로 넣고 끓인다.
4. 끓으면 약한 불로 줄이고 30분 동안 끓인다.
5. 고운체에 건더기를 걸러 내고 소금으로 간을 하여 완성한다.

### 재료

양파 1개
셀러리 30g
당근 1개
백포도주 500mL
흰 통후추 1/2큰술
월계수잎 2장
물 2L
파슬리 3줄기
레몬 1개
소금 적당량

### MEMO

**육수와 부용**

- **육수(stock)** : 육류, 어류, 채소류 등을 각각 조합하여 물과 함께 끓여 낸 후 원재료는 제거하고 우려낸 물을 요리 시 사용하는 것을 말한다.
- **부용(bouillon)** : 요리 시 주재료와 함께 끓여 익힌 후 우려낸 물을 사용하지 않고 버린다. 부용은 맛이나 향을 보조해 주는 역할을 한다.

## 쿠르부용 이용하여 새우 삶기

### 만드는 법

1. 새우는 껍질을 벗기고 물에 헹궈 준비한다.
2. 쿠르부용을 냄비에 담아 끓으면 새우를 넣는다.
3. 쿠르부용 안에 있는 새우를 가끔 저어 가며 약한 불에서 1분 정도 삶는다(새우를 꺼내서 반을 자르거나 씹었을 때 질기지 않게 삶아야 한다).
4. 익은 새우는 건져서 평평한 쟁반 같은 것에 담아 펼쳐 놓고 엑스트라버진올리브유를 뿌린 후 실온에서 최대한 빨리 식힌다.
5. 끓인 쿠르부용은 통에 담은 후 최대한 빨리 차갑게 식힌다.
6. 새우가 식으면 차갑게 식힌 쿠르부용에 새우를 담가 하루 정도 보관하여 완성한다.

[3~4인분]
새우 20마리
쿠르부용 1L
엑스트라버진올리브유 3큰술

**삶아 낸 새우를 다시 쿠르부용에 넣는 이유**
새우는 쿠르부용에 삶아 익혀서 쿠르부용의 맛이 배어 있을 것 같지만 오래 삶지 않으면 쉽게 맛이 배어들지 않는다. 따라서 끓여서 식혀 둔 쿠르부용에 다시 새우를 하루 정도 담가 재우면 쿠르부용 안에 있는 맛을 새우가 흡수하여 더욱더 맛있는 새우를 맛볼 수 있다(다른 해산물도 같은 방법으로 삶는다).

채소 육수

# 모둠채소육수

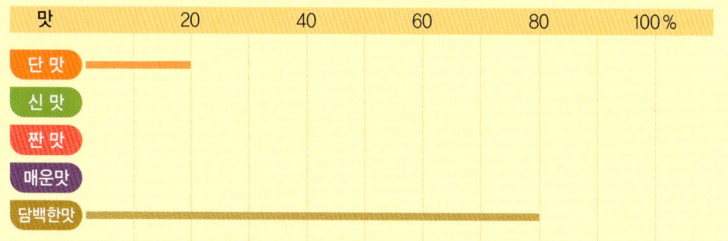

- 맛의 특징   순수한 채소의 맛이 강하며, 양파의 양에 따라 단맛이 느껴지는 육수
- 보관 기간   냉장 보관 2일, 냉동 보관 10일
- 어울리는 요리   국수, 죽, 전골 요리, 탕 등

## 만드는 법

1. 양파, 당근, 셀러리, 토마토, 대파는 8등분한다.
2. 냄비에 모든 재료를 넣고 끓인다.
3. 끓으면 약한 불로 줄이고 거품을 걷어 내며 1시간 동안 끓인다.
4. 건더기를 체에 걸러 내어 육수를 완성한다.

양파 3개
당근 3개
셀러리 5줄기
토마토 3개
대파 2줄기
물 2.5L
통마늘 10쪽

**MEMO**

모둠채소육수는 모든 요리에 사용이 가능하다. 특히 담백한 선물, 면류나 자극적이지 않은 이유식에도 좋다.

# 미네스트로네
minestrone

## 채소의 단맛과 토마토의 향과 맛이 잘 어우러진 수프

### 요리 만들기

1. 통마늘은 얇게 저미고, 양파와 당근, 아스파라거스, 무, 양배추는 사방 1cm의 엄지손톱 크기로 자른다.
2. 베이컨과 감자는 3cm 정사각형으로 자른다.
3. 팬에 퓨어올리브유를 두르고 저민 마늘을 볶다가 베이컨을 볶는다.
4. 3에 감자를 넣어 볶다가 당근을 볶고, 단단한 순서로 나머지 채소를 볶는다.
5. 식용유에 볶은 토마토페이스트와 백포도주를 4에 넣고 플람베한다.
6. 5에 모둠채소육수(또는 세 번째 닭육수)를 붓고 끓으면 토마토를 잘게 으깨 넣는다.
7. 감자가 거의 다 익어 갈 무렵, 소금과 후춧가루로 간을 하고 덜어 낸 후 삶은 스파게티면을 손가락 두 마디 정도로 잘라 넣고 엑스트라버진올리브유를 넣어 완성한다.

### 재료

[2~3인분]

통마늘 4쪽
양파 1/2개
당근 1/2개
아스파라거스 1줄기
무 100g
양배추 100g
베이컨 3장
감자 1/2개
퓨어올리브유 50mL
식용유에 볶은 토마토페이스트 2큰술
백포도주 50mL
모둠채소육수(또는 세 번째 닭육수) 1L
토마토 2개
소금·후춧가루 약간씩
5분 삶은 스파게티면 30g
엑스트라버진올리브유 약간

---

**MEMO**

**플람베(flambee)**
알코올 성분의 맛술을 넣어 재료의 잡냄새를 날려 주는 방법이다.

채소 육수 **배추육수**

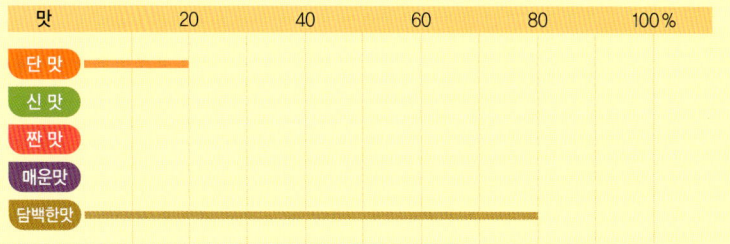

## 만드는 법

1. 돼지 잡뼈는 3시간 정도 찬물에 담가 핏물을 뺀다.
2. 배추와 대파는 듬성듬성 썰고, 무는 6등분한다.
3. 냄비에 된장을 뺀 모든 재료를 넣고 끓인다.
4. 끓으면 약한 불로 줄여 2시간 30분에서 3시간을 끓인다.
5. 마지막에 된장을 넣고 풀어 낸 후 모든 재료를 체에 걸러 내어 육수를 완성한다.

 재료

| | |
|---|---|
| 돼지 잡뼈 | 300g |
| 배추 | 500g |
| 대파 | 1줄기 |
| 무 | 1/2개 |
| 통마늘 | 3쪽 |
| 월계수잎 | 3장 |
| 소주 | 1병 |
| 물 | 5L |
| 된장 | 2큰술 |

**MEMO**
돼지 잡뼈의 구수한 맛에 배추와 대파에서 우러난 순하고 달콤한 맛과, 무와 술의 시원함이 어우러져 고급스러운 육수가 된다.

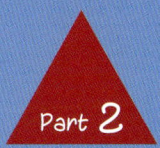

# 버섯 육수

자연송이육수 맑은자연송이브로스 · 포르치니버섯육수 포르치니크림파스타

> 버섯 육수

# 자연송이육수

### information

- **맛의 특징**  자연 송이의 향에 닭육수가 어우러져 담백하고 고소한 맛이 일품인 육수

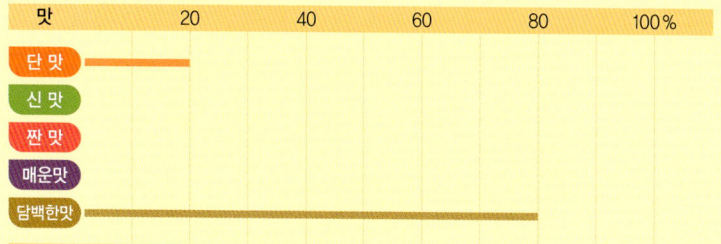

- **보관 기간**  냉장 보관 3일, 냉동 보관 14일
- **어울리는 요리**  송이덮밥, 송이쇠고기전골 등

## 만드는 법

1. 자연 송이는 과도로 흙이나 모래가 많은 뿌리 부분을 살짝 다듬는다.
2. 손에 힘을 빼고 송이 머리 부분과 몸통 부분을 돌려 가며 흐르는 물에 씻는다(손에 힘을 주어 씻으면 불순물이 송이 안으로 들어갈 수도 있다).
3. 손질한 송이는 반으로 가른다.
4. 냄비에 닭육수(첫 번째)와 송이를 넣고 중간 불에서 끓이면서 육수에 송이 향기가 배게 한다.
5. 끓으면 불을 끄고 10분 후 고운체에 걸러 육수를 완성한다.

 재료

자연 송이 2개
닭육수(첫 번째) 1.5L
(228쪽 참고)

**MEMO**

**송이**

송이는 색깔이 자연스럽고 굉택이 있는 것으로 줄기가 통통하고 갓이 둥글며 갓 모양으로 피어나지 않은 것이 좋다. 또한 특유의 향이 진하고 육질의 경연도가 적당한 것이 좋다. 송이를 조리할 때는 밑뿌리를 잘라 내고 갓이나 줄기가 상하지 않도록 더러운 부분을 살살 닦아 낸 후 옅은 소금물에 담가 얼른 씻어서 건지는 것이 좋으며, 송이를 이용한 음식은 송이의 좋은 향기를 잘 살릴 수 있도록 양념을 되도록 적게 하는 편이 좋다.

 # 맑은자연송이브로스

## 송이의 향과 맛이 잘 어울려 담백하고 고소한 요리

### 요리 만들기

1. 자연 송이는 다듬어 씻은 후 반으로 가른다.
2. 은행은 팬에 식용유를 두르고 살짝 볶아서 속껍질을 제거한 후 마른 수건으로 겉에 묻은 기름기를 제거하고, 날밤은 씻어서 반으로 자른다.
3. 냄비에 자연송이육수와 다듬어 놓은 자연송이, 날밤을 넣고 중간 불에서 끓인다.
4. 날밤이 익을 때쯤 은행을 넣고 소금과 후춧가루로 간을 한 후 그릇에 담아 완성한다.

**재료**

[1인분]
자연 송이 1개
은행 3개
식용유 2큰술
날밤 1톨
자연송이육수 700mL
소금·후춧가루 약간씩

**MEMO**

- 송이로 음식을 만들 때에는 물에 오래 씻거나 썰어서 오래 놓아두면 향이 없어지므로 뿌리 쪽의 흙이 묻은 부분을 칼로 도려낸 후 깨끗한 젖은 수건으로 겉을 살살 문질러 닦는다. 썰 때에는 칼로 썰지 말고 갓에 칼집을 조금만 넣어서 결대로 가른다.
- 송이는 많이 먹어도 위장에 큰 지장을 주지 않는데, 이는 송이에 전분이나 단백질을 소화하는 효소가 있어 소화 작용을 도와주기 때문이다.

버섯 육수

# 포르치니버섯육수

## information

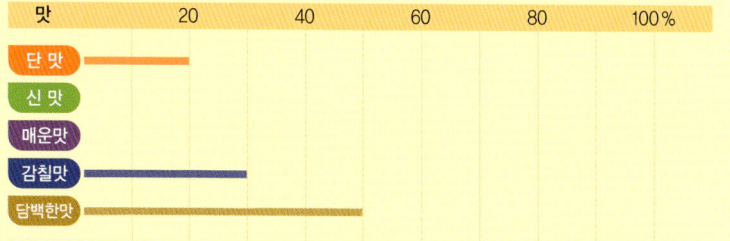

- 맛의 특징   포르치니버섯 특유의 향과 감칠맛이 강한 육수
- 보관 기간   냉장 보관 2일, 냉동 보관 10일
- 어울리는 요리   국, 수프, 전골, 죽, 탕, 찌개 등

## 만드는 법

1. 마른 포르치니버섯은 볼에 담아 여러 번 물에 헹궈 흙과 이물질을 없앤다.
2. 양파는 4등분한다.
3. 무는 1cm 두께로 깍둑썰기한다.
4. 냄비에 모든 재료를 넣고 끓인다.
5. 끓으면 약한 불로 줄이고 거품을 걷어 내며 1시간 동안 끓인다.
6. 시간이 되면 건더기를 체에 걸러 내어 육수를 완성한다(걸러 낸 포르치니버섯은 꼭 짜서 물기를 빼고 음식 재료로 사용한다).

**재료**

마른 포르치니버섯 200g
양파 1개
무 1/4개
물 2L
통마늘 10쪽

### MEMO

**포르치니(porcini)**

포르치니는 세프(cépe) 또는 포르치노(porcino)라고도 불리는 야생 버섯으로 고기 같은 질감에 숲속 향이 난다. 제철이 아니면 얇게 썰어 말리거나 냉동하여 사용하는 것이 특징인데, 수분 함유량이 높아 말리면 단백질 함유량이 높아진다. 파스타나 리소토, 수프 등 다양한 요리에 사용한다.

cooking plus

# 포르치니크림파스타
porcini cream pasta

## 포르치니버섯의 향이 쇠고기파스타 같은 요리

### 요리 만들기

1. 양파는 채 썰고, 느타리버섯은 적당한 크기로 뜯는다.
2. 통마늘은 얇게 저며 팬에 올리브유를 두르고 볶는다.
3. 채 썬 양파와 느타리버섯을 2에 넣고 볶다가 백포도주를 넣어 잡냄새를 없앤다.
4. 3에 포르치니버섯육수와 생크림, 포르치니가루를 넣고 끓인다.
5. 삶은 스파게티면을 4에 넣고 한쪽 방향으로 저으면서 졸인다.
6. 자작하게 졸면 소금과 후춧가루를 기호에 맞게 넣어 간을 한다.

재료

[1인분]
양파 1/4개
느타리버섯 100g
통마늘 2쪽
올리브유 2큰술
백포도주 30mL
포르치니버섯육수 120mL
생크림 180mL
포르치니가루 1작은술
삶은 스파게티면 150g
소금·후춧가루 적당량

---

MEMO

포르치니크림파스타는 향이 풍부한 포르치니버섯육수와 포르치니가루를 넣어서 맛이 깊고 진하다. 기호에 따라 고소한 생크림으로 버섯의 진한 맛과 향을 조절하여 요리하면 좋다.

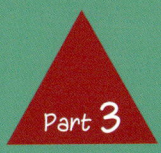

# 생선과 해산물 육수

생선뼈육수(첫 번째) 도다리쑥국, 민물고기매운탕, 생선완자탕 · 생선뼈육수(두 번째) 생선내장탕, 부야베스, 비스크 · 해산물우동육수 · 일식 육수(다시) · 새우육수 새우탕, 새우죽 · 꽃게육수(첫 번째) · 꽃게육수(두 번째) 생태찌개 · 모시조개육수 봉골레파스타, 해산물토마토파스타, 전복죽 · 사프란조개육수 파에야 · 황태육수 황태찜, 바지락칼국수 · 장어뼈육수 · 멸치육수 멸치국수, 부대찌개, 시래기된장국, 국수전골 · 디포리(밴댕이)육수 불고기낙지전골, 오분자기뚝배기, 배추버섯된장국 · 미역육수 · 굴육수 굴탕, 매생잇국, 매생이수프 · 재첩육수 · 홍합육수 샤천탕, 짬뽕, 톰얌쿵, 해물전골, 샤부샤부 · 바지락육수 꽃게탕, 순두부찌개 · 성게육수 성게미역국, 성게국수 · 가다랑어포육수 일식 된장국, 일식 메밀국수, 전복찜 · 문어육수 문어국수

생선과 해산물 육수

# 생선뼈육수(첫 번째)

## information

- **맛의 특징**  쌀뜨물 맛이 고소하며, 새우와 다시마가 어우러져 담백한 육수

| 맛 | 20 | 40 | 60 | 80 | 100 % |

- 단 맛
- 짠 맛
- 매운맛
- 고소한맛
- 담백한맛

- **보관 기간**  냉장 보관 2일(여름에는 변질 위험이 높으니 주의할 것), 냉동 보관 15일
- **어울리는 요리**  탕, 전골, 수프, 소스 등

## 만드는 법

1. 우럭뼈(또는 광어뼈)는 찬물에 3시간 정도 담근 후 여러 번 헹궈 핏물을 없앤다.
2. 무는 6등분하고, 청양고추는 반을 갈라 씨를 제거한다.
3. 통생강과 통마늘은 칼 옆면으로 눌러 살짝 으깨고, 마른 다시마는 젖은 수건으로 겉을 닦는다.
4. 냄비에 모든 재료를 넣고 센 불에서 끓인다.
5. 끓으면 약한 불로 줄이고 거품을 걷어 내며 끓이다가 10분 후에 다시마를 건져 낸다.
6. 30분이 지나면 건더기를 체에 걸러 내어 육수를 완성한다.

### 재료

우럭뼈(또는 광어뼈) 2마리 분량
무 1/3개
청양고추 2개
통생강 1/3톨
통마늘 1/3쪽
마른 다시마 1/3장
마른 새우 30g
쌀뜨물 3L

**MEMO**
생선뼈육수는 오래 끓이면 색깔이 탁해지고 맛도 텁텁해지므로 생선뼈의 분량에 따라 끓이는 시간을 적당히 조절해 주어야 한다. 대체적으로 30분에서 1시간 정도가 적당하다.

## 도다리쑥국

## 시원하고 매콤하며, 된장과 쑥 향이 일품인 요리

### 요리 만들기

1. 도다리는 비늘을 긁어내고 내장을 제거하여 10~12등분한다.
2. 무는 5cm 크기의 주사위 모양으로 자른 후 반을 자르고, 양파는 1cm 폭으로 채를 썬다.
3. 청양고추와 대파는 송송 썰고, 쑥은 흐르는 물에 씻어서 한입 크기로 잘라 준비한다.
4. 냄비에 생선뼈육수(첫 번째)를 붓고 된장을 푼 후에 무, 양파, 청양고추, 민물새우, 다진 마늘, 맛술을 넣고 뚜껑 덮어 끓인다.
5. 끓으면 거품을 건져 내고 약한 불로 줄인 후 도다리를 넣고 10분 정도 끓인다.
6. 마지막으로 소금·후춧가루로 간을 한 후 대파와 쑥을 넣고 뚜껑을 덮어 한 번 더 끓여 완성한다.

**재료**

[3~4인분]
도다리 2마리
무 200g
양파 1/2개
청양고추 1개
대파 1줄기
쑥 100g
생선뼈육수(첫 번째) 1L
된장 2큰술
민물새우 50g
다진 마늘 1큰술
맛술 50mL
소금·후춧가루 약간씩

---

**MEMO**

**쑥**
쑥은 마늘, 당근과 더불어 성인병을 예방하는 3대 식물로 알려진 대표적인 건강 식품이다. 비타민, 미네랄 등이 풍부하며, 피를 맑게 하고, 체내 노폐물 제거에 도움을 주어 고혈압 개선에 효능이 있다. 또한 쑥에 함유되어 독특한 향과 맛을 내는 시네올(cincol)이라는 성분은 소화액 분비를 촉진하여 소화 작용을 도우며, 항염 효과가 있어 의학적으로 다양하게 활용된다. 쑥을 마지막에 넣고 뚜껑을 덮어 요리하는 이유는 쑥에 들어 있는 휘발성 정유 성분인 시네올이 증발되는 것을 막고 생선의 비린내를 없애기 위함이다.

# 민물고기매운탕

## 요리 만들기

1. 메기는 밀가루로 끈끈한 물질을 깨끗이 씻고 지느러미와 내장, 아가미를 제거한 후 5cm 길이로 토막 낸다.
2. 무는 가로세로 3cm, 두께 0.5cm로 썰고, 대파는 반으로 갈라 1cm 길이로 썰고, 청양고추는 0.2cm 두께로 어슷썰기하고, 미나리는 3cm 길이로 썰고, 쑥갓은 잎만 다듬어 준비한다.
3. 국멸치는 달군 냄비에 넣고 청주를 넣어 가면서 살짝 볶아 비린 맛을 제거한다(국멸치를 볶을 때는 기름을 사용하지 않는다).
4. 3에 생선뼈육수(첫 번째)와 된장을 체로 풀어 넣고 중간 불로 5분, 약한 불로 10분간 끓인 후 국멸치를 체로 건져 낸다.
5. 4에 무, 대파, 청양고추, 다진 마늘, 다진 생강, 메기를 넣고 5분간 끓인다.
6. 마지막으로 고추장과 고춧가루를 넣고 떠오르는 거품을 제거하며 중간 불로 10분 끓인 후 미나리와 쑥갓을 넣고 마무리한다.

[4인분]
민물고기(메기) 1.5kg
밀가루 2큰술
무 400g
대파 1/2줄기
청양고추 3개
미나리 100g
쑥갓 50g
국멸치 30g
청주 약간
생선뼈육수(첫 번째) 2L
된장 1큰술
다진 마늘 1큰술
다진 생강 1작은술
고추장 2큰술
고춧가루 3큰술

**MEMO**

민물고기는 메기, 뱀장어, 미꾸라지, 잉어, 붕어, 은어, 곤들매기, 피라미, 쏘가리 등 종류가 많다. 잉어·붕어·뱀장어·은어 등은 양식되어 생산량도 많아지고 수요량도 늘고 있으며, 그 중에서도 뱀장어는 장어구이, 미꾸라지는 추어탕으로 널리 보급되고 있다.

# 생선완자탕

### 요리 만들기

1. 생선살은 곱게 다진 후 면포에 싸서 수분을 제거해 둔다.
2. 양파와 표고버섯은 곱게 다져 생선살에 같이 넣은 후 정종, 달걀, 녹말가루, 소금·후춧가루를 넣고 잘 치대 동그랗게 완자를 빚는다.
3. 청경채는 반으로 자르고, 느타리버섯은 잘게 손으로 다듬는다. 주키니는 0.3cm 두께의 반달 모양으로 썰고, 대파는 어슷하게 썬다.
4. 냄비에 생선뼈육수(첫 번째)를 넣고 끓인다.
5. 끓으면 완자, 청경채, 느타리버섯, 주키니를 넣고 떠오르는 거품을 제거하며 익힌다.
6. 마지막으로 소금과 후춧가루로 간을 하고 참기름과 대파를 올려 마무리한다.

### 재료

[2인분]

흰살 생선 100g
양파 1/3개
표고버섯 1개
정종 10mL
달걀 1개
녹말가루 1큰술
소금·후춧가루 약간씩
청경채 100g
느타리버섯 50g
주키니 1/6개
대파 1줄기
생선뼈육수(첫 번째) 600mL
참기름 약간

---

**MEMO**

**주키니(zucchini)**
주키니는 주키니호박이라고도 하며 애호박보다 크고 통통하다. 미국 남부와 멕시코 북부가 원산지로 전분과 당분, 비타민 A와 C가 많으며 찌개나 국에 넣어 먹는다.

생선과 해산물 육수

# 생선뼈육수(두 번째)

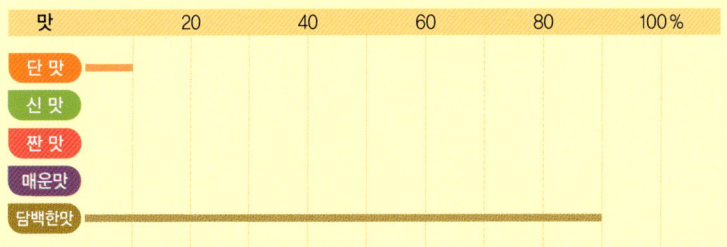

## 만드는 법

1. 생선뼈는 3등분하여 1시간 동안 물에 담가 핏물을 빼고, 머리는 세로로 갈라 물에 담가 둔다.
2. 양파와 대파, 무, 셀러리, 통마늘은 깨끗이 씻어서 2등분한다.
3. 마른 다시마는 젖은 수건으로 겉을 닦아 놓는다.
4. 냄비에 식용유를 두르고 생선뼈와 머리, 에서 준비한 재료를 넣은 후 채소에서 물기가 배어나도록 볶는다.
5. 4에 물과 마른 다시마, 월계수잎, 검은 통후추, 정종을 넣고 떠오르는 거품을 걷어 내며 40분간 끓인다(끓기 전에 다시마는 건져 낸다).
6. 시간이 되면 건더기를 소창에 걸러 내어 육수를 완성한다.

### 재료

생선뼈·머리 500g
양파 1/2개
대파 1줄기
무 300g
셀러리 200g
통마늘 2쪽
마른 다시마 10g
식용유 2큰술
물 3L
월계수잎 3장
검은 통후추 5알
정종 10mL

**MEMO**
생선뼈 이외에 머리를 잘라 넣으면 생선뼈로만 우려낸 육수보다 더 깊은 맛이 난다.

## 생선내장탕

## 생선의 담백한 맛에 된장을 더해 더욱 감칠맛 나는 요리

### 요리 만들기

1. 생선 내장(곤이, 이리)은 물로 깨끗이 씻어 다진 마늘과 정종에 재워 놓는다.
2. 무, 대파, 양파, 청양고추, 통생강, 표고버섯은 깨끗이 씻어 먹기 좋은 크기로 썰고, 콩나물은 깨끗이 씻어 머리와 수염뿌리를 잘라 내어 준비한다.
3. 냄비에 생선뼈육수(두 번째)를 붓고 된장과 고추장을 풀어 센 불로 5분, 약한 불로 5분간 끓인다.
4. 시간이 되면 생선 내장(곤이, 이리)을 넣고 5분간 더 끓인다.
5. 마지막으로 2에서 준비한 재료와 고춧가루를 넣고 5분간 끓인 뒤 소금과 후춧가루로 간을 맞춰 완성한다.

**재료**

[2인분]
생선 내장(곤이, 이리) 300g
다진 마늘 50g
정종 약간
무 300g
대파 1/3줄기
양파 1/2개
청양고추 3개
통생강 10g
표고버섯 3개
콩나물 100g
생선뼈육수(두 번째) 2.5L
된장 1큰술
고추장 2큰술
고춧가루 3큰술
소금 · 후춧가루 약간씩

---

**MEMO**

**생선 내장(곤이, 이리, 애)**
생선 내장(곤이, 이리, 애)은 신선한 것을 써야 한다. 흐르는 물에 깨끗이 씻고, 산 성분이 없는 술이나 과실주가 아닌 맑은 술, 청주, 소주 등에 2~3분 정도 담갔다가 건져 내면 잡냄새를 제거할 수 있다.
- 곤이 : 생선의 알 또는 새끼
- 이리 : 물고기 수컷에만 있는, 주름진 흰색 정소 덩어리
- 애 : 생선의 간

## 부야베스
bouillabaisse

## 해산물과 토마토, 향신료가 잘 어울려 이국적인 수프

### 요리 만들기

1. 흰살 생선은 비늘과 내장, 머리를 제거하고 다듬어 4~6등분한다. 모시조개는 소금물(바닷물 농도)에 해감하고, 새우는 껍질을 제거한다. 오징어는 2cm 폭으로 썬다.
2. 통마늘은 곱게 다지고, 양파와 대파는 채를 썰고, 토마토는 4등분하여 씨를 제거하고 주사위 모양으로 썬다.
3. 냄비에 올리브유를 둘러 다진 마늘을 중간 불에서 볶다가 고운 고춧가루를 넣고 같이 볶는다.
4. 3에 양파를 넣고 볶다가 흰살 생선과 모시조개, 새우를 넣고 센 불에서 볶는다.
5. 4의 해산물에 백포도주를 넣어 플람베해 알코올을 제거한 후 생선뼈육수(두 번째)와 토마토, 대파, 오징어, 주꾸미, 월계수잎을 넣고 센 불에서 끓인다.
6. 끓으면 중간 불로 줄이고 거품을 제거하며 3분간 끓인 후 소금과 흰 후춧가루로 간을 하고 불을 끈다.
7. 월계수잎을 건져 내고, 생바질잎을 잘게 썰어 섞어 완성한다.

**재료**

[2인분]
흰살 생선 1마리
모시조개 6개
새우 4마리(20~25미)
오징어 1/2마리
통마늘 2쪽
양파 1/4개
대파(흰 부분) 1/4줄기
토마토 1개
올리브유 2큰술
고운 고춧가루 1큰술
백포도주 2큰술
생선뼈육수(두 번째) 600mL
주꾸미 4마리
월계수잎 1장
소금 1작은술
흰 후춧가루 1/4작은술
생바질잎 2장

**MEMO**

**부야베스(bouillabaisse)**
부야베스는 프랑스의 항구 도시인 마르세유에서 처음 만들어진 프랑스의 대표적인 수프로, 세계 3대 수프 중 하나라고 할 수 있다.

# 비스크
bisque

## 로브스터의 향과 크림의 부드러운 맛이 잘 어울리는 요리

### 요리 만들기

1. 양파, 당근, 셀러리는 얇게 채 썰고, 통마늘은 곱게 다지고, 토마토는 큼직하게 썬다.
2. 냄비에 식용유 1큰술과 다진 마늘을 넣고 중간 불에서 갈색으로 볶는다.
3. 2에 로브스터(껍데기)를 넣어 주걱으로 으깨면서 중간 불로 볶은 후 백포도주를 넣고 1/3의 농도로 졸인다.
4. 버터와 밀가루를 팬에 넣고 약한 불에서 연한 갈색으로 볶아 준비한다.
5. 팬에 식용유 3큰술을 두르고 토마토페이스트를 약한 불에서 3분간 볶은 후 토마토와 월계수잎, 타임, 생선뼈육수(두 번째)와 4에서 볶아 둔 버터·밀가루를 넣어 섞는다.
6. 5의 육수를 1/3로 졸인 후 생크림을 넣어 중간 불에서 다시 1/3로 졸인다.
7. 소금·후춧가루로 간을 하고 체에 걸러 완성한다.

**재료**

[2인분]
양파 100g
당근 50g
셀러리 30g
통마늘 2쪽
토마토 3개
식용유 4큰술
로브스터(껍데기) 또는 새우(껍질) 200g
백포도주 50mL
버터 50g
밀가루 2큰술
토마토페이스트 150g
월계수잎 2장
타임(드라이) 1작은술
생선뼈육수(두 번째) 200mL
생크림 30mL
소금·후춧가루 약간씩

---

**MEMO**

비스크(bisque)
비스크는 게 따위를 삶아서 만든 크림수프를 말한다. 아메리칸소스의 변형으로 비스크수프 또는 비스크소스라고도 불린다.

생선과 해산물 육수

# 해산물우동육수

## information

- **맛의 특징**  생선 육수의 담백한 맛과 무의 천연 맛 성분이 우수한 육수

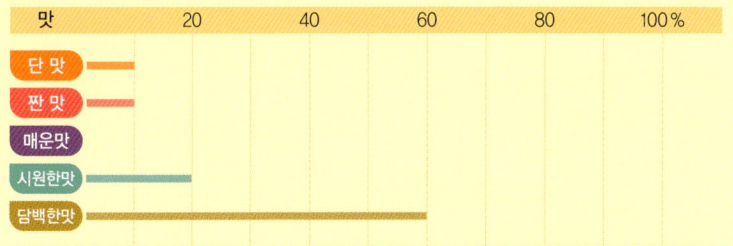

- **보관 기간**  냉장 보관 3일, 냉동 보관 14일
- **어울리는 요리**  탕, 찌개, 각종 면류

## 만드는 법

1. 양파, 대파, 무, 홍고추, 통마늘은 깨끗이 씻어서 2등분한다.
2. 냄비에 생선뼈육수(첫 번째)와 물, **1**에서 손질한 재료와 마른 새우를 넣고 센 불에서 끓인다.
3. 마른 다시마는 젖은 수건으로 겉을 닦아 에 같이 넣고 끓이다가 끓기 시작하면 바로 건져 낸다.
4. 끓으면 약한 불로 줄이고 떠오르는 거품을 걷어 낸 후 진간장을 넣고 30분간 끓인다.
5. 시간이 되면 건더기를 소창에 걸러 내어 육수를 완성한다.

**재료**

양파 1/2개
대파 1/2줄기
무 100g
홍고추 1/2개
통마늘 1쪽
생선뼈육수(첫 번째) 100mL (66쪽 참고)
물 100mL
마른 새우 10g
마른 다시마 10g
진간장 3큰술

**MEMO**
홍고추는 씨까지 같이 사용한다.

생선과
해산물
육수

# 일식 육수(다시)

## information

- 맛의 특징    버섯의 천연 맛 성분과 향이 우수한 육수

- 보관 기간    냉장 보관 3일, 냉동 보관 14일
- 어울리는 요리    우동, 해산물전골 요리

### 만드는 법

1. 무, 통마늘, 홍고추, 표고버섯은 깨끗이 씻어 4등분한다.
2. 냄비에 생선뼈육수(첫 번째)와 물을 붓고 에서 손질한 재료를 넣어 센 불에서 끓인다.
3. 마른 다시마는 젖은 수건으로 겉을 닦아 2에 같이 넣고 끓이다가 끓기 시작하면 바로 건져 낸다.
4. 끓기 시작하면 약한 불로 줄이고 떠오르는 거품을 걷어 내며 30분간 끓인다.
5. 시간이 되면 건더기를 소창에 걸러 내어 육수를 완성한다.

**재료**

무 200g
통마늘 2쪽
홍고추 1/2개
표고버섯 2개
생선뼈육수(첫 번째) 100mL
(66쪽 참고)
물 100mL
마른 다시마 20g

**MEMO**
홍고추는 씨까지 같이 사용하고, 표고버섯은 꼭지까지 같이 사용한다.

생선과 해산물 육수

새우육수

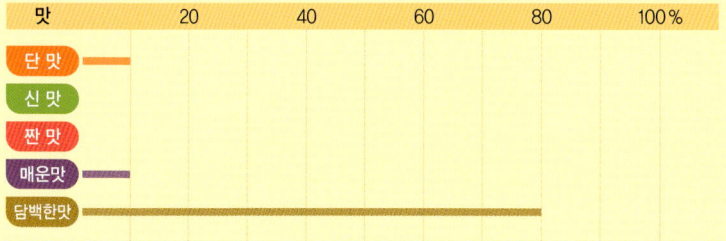

- 맛의 특징   새우와 꽃게의 담백한 맛이 그대로 살아 있는 육수
- 보관 기간   냉장 보관 3일, 냉동 보관 14일
- 어울리는 요리   해산물을 이용한 한국 찌개류, 파스타, 죽

## 만드는 법

1. 새우와 4등분한 꽃게는 깨끗이 손질한다.
2. 양파와 무, 청양고추, 대파는 깨끗이 씻어 2등분 한다.
3. 마른 다시마는 젖은 수건으로 겉을 닦는다.
4. 냄비에 새우와 꽃게를 제외한 모든 재료를 넣고 끓이다가 물이 끓기 전에 다시마만 건져 낸다.
5. 중간중간에 거품을 걷어 내면서 중간 불로 5분간 끓인다.
6. 새우와 꽃게를 넣고 강한 불에서 5분간 끓인 후 약한 불로 20분 더 끓여 건더기를 체에 걸러 내어 육수를 완성한다.

### 재료

새우 10마리
4등분한 꽃게 1마리
양파 1개
무 400g
청양고추 2개
대파 1/2줄기
마른 다시마 10g
물 2L
통마늘 4쪽

### MEMO

새우로 음식을 만들려면 기본 손질을 잘해야 한다. 껍질째 물에 씻어 낸 후 새우를 한 손에 들고 자연스럽게 등을 구부려 두 번째 관절 사이에 꼬치를 집어넣어 검은 줄 모양의 내장을 잡아당기면 한 줄로 쑥 빠진다. 싱싱한 것은 한 번에 빠지는데 상한 것은 끊어진다. 껍질이 없는 새우살이라도 반드시 내장을 빼고 음식을 만들어야 보기에도 깨끗하고 맛도 깔끔하다.

cooking plus 새우탕

## 담백한 새우와 바지락의 시원한 맛이 어우러진 요리

### 요리 만들기

1. 새우는 물에 깨끗이 씻어 먹기 좋게 손질하여 바지락과 준비해 놓는다.
2. 양파, 주키니, 아욱, 청양고추, 느타리버섯, 대파, 두부는 깨끗이 씻은 후 먹기 좋은 크기로 손질한다.
3. 대파와 두부, 소금, 후춧가루를 뺀 나머지 모든 재료를 냄비에 넣고 떠오르는 거품을 제거하며 약한 불에서 끓인다.
4. 약한 불에서 10분간 더 끓이고 소금과 후춧가루로 간을 한 후 대파와 두부를 넣고 한 번 끓여 완성한다.

[2~3인분]
새우 8마리
해감한 바지락 500g
양파 1개
주키니 1/5개
아욱 1/3단
청양고추 2개
느타리버섯 50g
대파 1/2줄기
두부 1/4모
새우육수 2.5L
고춧가루 3큰술
다진 마늘 1큰술
다진 생강 1작은술
국간장 1큰술
소금·후춧가루 약간씩

**MEMO**

새우에는 상대적으로 비타민이 부족하기 때문에 부족한 영양소를 채워 줄 수 있는 아욱을 함께 먹으면 영양의 균형을 맞출 수 있다. 아욱은 여름이 제철인데 주로 가을에 많이 먹으며, 성질이 차고 매끄러워 대소변을 용이하게 볼 수 있도록 도움을 주는 효능이 있다. 또한 단백질과 칼슘이 풍부하여 어린이의 성장 발달에 효능이 있고, 산모들의 모유 수유 촉진에도 도움을 주며, 뼈를 튼튼하게 하여 골다공증 예방에도 좋다.

# 새우죽

## 탱글탱글하게 씹히는 새우와 채소의 조화가 좋은 요리

### 요리 만들기

1. 새우, 양파, 당근, 표고버섯은 잘게 다지고, 팽이버섯은 5등분하고, 실파는 잘게 썬다.
2. 팬에 식용유를 두르고 새우, 양파, 당근, 표고버섯, 다진 마늘을 넣고 볶는다.
3. 2에 청주를 넣어 잡냄새를 없앤 후 쌀밥과 새우육수를 넣고 끓인다.
4. 육수가 밥에 졸아들면 소금과 후춧가루를 넣어 간을 한 후 팽이버섯, 참기름, 통깨를 넣고 휘휘 저어서 죽 그릇에 담는다.
5. 진간장을 따로 준비하고, 실파를 죽에 뿌려 완성한다.

**재료**

[2인분]
새우 6마리
양파 1/2개
당근 1/3개
표고버섯 2개
팽이버섯 1/4개
실파 2줄기
식용유 2큰술
다진 마늘 1/2큰술
청주 1큰술
쌀밥 150g
새우육수 400mL
소금 · 후춧가루 약간씩
참기름 1큰술
통깨 1작은술
진간장 1큰술

### MEMO

새우는 가열하면 배 쪽의 근육이 수축되어 구부러지므로 가열하기 전에 배 쪽에 칼집을 넣어 주고, 휘지 않게 찜이나 구이를 하려면 등 쪽에서 꼬리까지 꼬치를 똑바로 관통시켜 끼운 다음에 굽거나 찐다. 튀김을 할 때는 기름이 튈 수 있으므로 꼬리 끝을 어슷하게 잘라 주거나 삼각진 부분을 반드시 떼어 내야 한다. 삶을 때는 끓는 물에 소금과 식초를 약간 넣으면 색도 선명하고 비린내도 덜하다. 다른 어패류도 마찬가지지만 새우로 음식을 맛있게 하려면 신선한 것으로 지나치게 익히지 않는 것이 가장 중요하다.

생선과 해산물 육수

# 꽃게육수(첫 번째)

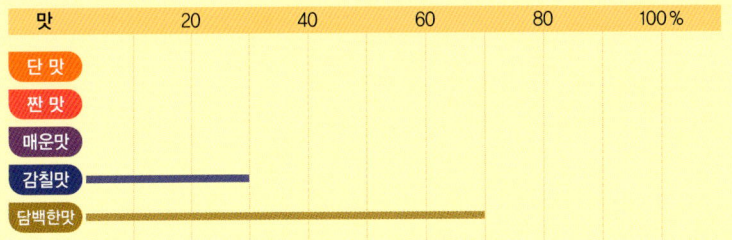

### information

- **맛의 특징** 꽃게의 천연 조미 성분과 새우의 감칠맛이 환상적인 맛의 조화를 이루는 육수

- **보관 기간** 냉장 보관 2일, 냉동 보관 15일
- **어울리는 요리** 해산물을 이용한 국·찌개·탕·전골 등

## 만드는 법

1. 꽃게는 깨끗이 손질하여 반으로 잘라 둔다.
2. 바지락은 소금물에 30분 정도 해감한 후 헹궈 둔다.
3. 통마늘은 칼로 눌러 으깨고, 무는 6등분한다.
4. 청양고추와 양파, 배추는 4등분하고, 마른 다시마는 젖은 수건으로 겉을 닦는다.
5. 냄비에 모든 재료를 넣고 끓인다.
6. 끓으면 약한 불로 줄이고 거품을 걷어 낸 후 10분 뒤에 다시마를 건져 낸다.
7. 30분이 경과하여 무가 잘 뭉그러지면 소창에 건더기를 걸러 내어 육수를 완성한다.

**재료**

꽃게 2마리
바지락 300g
통마늘 6쪽
무 1/3개
청양고추 3개
양파 1개
배추 200g
마른 다시마 1/2장
물 3L
마른 새우 50g

### MEMO

**꽃게**

꽃게는 산란기를 바로 앞둔 것이 알이 꽉 차서 맛이 좋다. 껍데기가 둥근 것이 암놈이고, 삼각형으로 뾰족한 것이 수놈이다. 들어 봐서 묵직한 것이 살과 알이 차서 맛이 좋은데 산란기가 지난 암놈은 살이 빠져서 먹을 것이 없으므로 이때는 수놈이 더 맛있다. 종류에 따라 산란기가 다른데 바다참게와 꽃게는 4~6월까지 알을 낳는다.

생선과 해산물 육수

# 꽃게육수(두 번째)

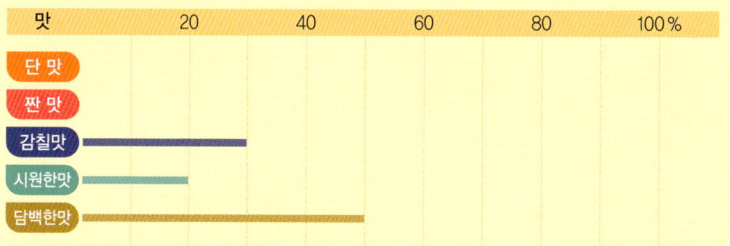

### information

- **맛의 특징**  꽃게의 천연 조미 성분과 무 등 채소의 시원한 맛이 잘 어울리는 육수

| 맛 | 20 | 40 | 60 | 80 | 100% |

- 단 맛
- 짠 맛
- 감칠맛
- 시원한맛
- 담백한맛

- **보관 기간**  냉장 보관 2일, 냉동 보관 10일
- **어울리는 요리**  해산물을 이용한 국·찌개·탕·전골 등

## 만드는 법

1. 꽃게는 깨끗이 손질하여 그릇에 담아 둔다.
2. 양파와 무, 대파는 깨끗이 씻어 2등분한다.
3. 마른 다시마는 젖은 수건으로 겉을 닦는다.
4. 냄비에 꽃게를 제외한 모든 재료를 넣고 끓이다가 물이 끓으면 5분 뒤에 다시마는 건져 내고 중간 불로 15분간 끓인다.
5. 꽃게를 넣고 떠오르는 거품을 제거하며 약한 불로 20분간 더 끓인다.
6. 건더기를 소창에 걸러 내어 육수를 완성한다.

 재료

꽃게 3마리
양파 1개
무 400g
대파 1/2줄기
마른 다시마 1장
물 2.5L
통마늘 5쪽

**MEMO**

**꽃게 손질법**
솔로 꽃게의 몸통 전체를 문질러서 물에 씻어 내고, 배 아래쪽을 덮고 있는 덮개를 열어서 잡아당겨 없앤 후 안쪽을 다시 솔로 씻어 준다. 입 쪽으로 등껍데기와 몸통을 분리하고 모래주머니를 제거해 손질을 끝낸다.

## 생태찌개

## 생태의 신선한 맛과 고추의 매운맛이 일품인 요리

### 요리 만들기

1. 생태는 흐르는 물에 씻어 6등분한다.
2. 양파는 1cm 폭으로 채 썰고, 청양고추와 홍고추는 어슷하게 썬다. 주키니와 무는 먹기 좋은 크기로 썰고, 대파와 두부는 손가락 두 마디 크기로 자른다. 쑥갓은 씻어서 한입 크기로 뜯는다.
3. 냄비에 꽃게육수(두 번째)와 양파, 청양고추, 주키니, 무를 넣고 끓인다.
4. 끓으면 국간장, 된장, 고춧가루, 다진 마늘을 넣고 중간 불로 5분간 끓인다.
5. 4에 생태를 넣고 떠오르는 거품을 제거하며 중간 불로 10분간 더 끓인다.
6. 소금과 후춧가루로 간을 맞추고 마지막에 홍고추, 대파, 두부, 쑥갓을 넣어 마무리한다.

**재료**

[2인분]
- 생태 1마리
- 양파 1개
- 청양고추 2개
- 홍고추 1개
- 주키니 100g
- 무 1/4개
- 대파 1/2줄기
- 두부 1/2모
- 쑥갓 1줌
- 꽃게육수(두 번째) 2.5L
- 국간장 2큰술
- 된장 1큰술
- 고춧가루 3큰술
- 다진 마늘 1큰술
- 소금 · 후춧가루 약간씩

---

**MEMO**

**명태** : 명태는 대구과의 한류성 바닷물고기로 한국의 동해, 일본 북부 연해, 오호츠크 해, 베링 해 등 주로 북태평양에 서식 · 문포하며, 저리 방법에 따라 다양한 이름으로 불린다.
- 백태 : 황태를 만드는 과정에서 날씨가 너무 추워서 색깔이 하얗게 된 것
- 먹태 : 백태의 반대 현상이다. 날씨가 따뜻해서 색깔이 검어진 것
- 생태 : 얼리거나 말리지 않은, 잡은 그대로의 명태
- 황태 : 명태를 40일간 20회 이상 냉동 · 건조하여 황금빛을 띠는 것
- 동태 : 명태를 얼린 것
- 북어 : 명태를 60일 정도 건조시킨 것
- 노가리 : 명태의 치어
- 코다리 : 명태를 15일 정도 반건조하여 4마리 1세트로 코를 꿰어 놓은 것

생선과 해산물 육수

# 모시조개육수

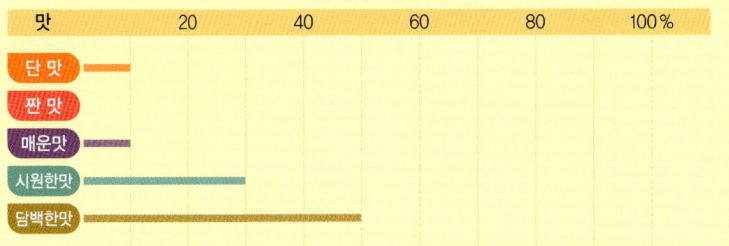

- 맛의 특징  모시조개와 새우의 시원하고 담백한 맛이 일품인 육수
- 보관 기간  냉장 보관 2일, 냉동 보관 15일
- 어울리는 요리  해물탕, 전골, 면, 샤부샤부

## 만드는 법

1. 모시조개는 소금물에 해감한다.
2. 통마늘은 칼 옆면으로 눌러서 으깨고, 무는 4등분 하고, 대파와 청양고추는 3등분한다.
3. 마른 다시마는 젖은 수건으로 겉을 닦아 놓는다.
4. 냄비에 모든 재료를 넣고 한번 끓으면 떠오르는 불순물을 제거한다.
5. 불순물을 제거한 후 약한 불로 10분 정도 끓이다가 다시마를 건져 낸다.
6. 40분 정도 더 끓인 후 건더기를 체에 걸러 내어 육수를 완성한다.

모시조개 300g
통마늘 5쪽
무 1/4개
대파 1줄기
청양고추 2개
마른 다시마 50g
물 1.5L
민물새우 30g

### MEMO

**조개류 해감하는 방법**

찬물에 꽃소금을 넣어 바닷물 농도와 비슷하게 짭조름하게 한 후 금속(동전이나 동전 크기의 금속) 조각을 넣는다. 조개를 소금물에 담고 뚜껑을 덮어 서늘하고 어두운 곳에서 3시간 정도 보관한다.

# 봉골레파스타
### vongole pasta

# 시원한 모시조개와 매콤한 고추 맛이 잘 어울리는 파스타

## 요리 만들기

1. 모시조개는 소금물에 해감한다.
2. 양파와 통마늘은 곱게 다지고, 마른 홍고추는 씨를 제거하고 5mm 크기로 자른다.
3. 생바질잎은 잘게 자른다.
4. 팬에 올리브유 1큰술을 두르고 다진 마늘과 마른 홍고추를 넣어 센 불에서 향이 나도록 볶는다.
5. 마늘이 갈색으로 변하기 시작하면 다진 양파와 모시조개, 백포도주를 넣고 센 불에서 끓인다.
6. 모시조개 입이 열리면 삶은 스파게티면과 모시조개육수를 넣고 센 불에서 끓이면서 소금으로 간을 한다.
7. 끓으면 불을 끈 후 생바질잎과 올리브유 1큰술을 넣고 섞어 완성한다.

**재료**

[1인분]
모시조개 10개
양파 1/8개
통마늘 1쪽
마른 홍고추 1/4개
생바질잎 2장
올리브유 2큰술
백포도주 3큰술
삶은 스파게티면 150g
모시조개육수 100mL
소금 약간

---

**MEMO**

**봉골레파스타(vongole pasta)**
봉골레(vongole)는 이탈리아어로 '조개'라는 뜻으로 봉골레파스타는 조개 육수를 기본으로 만드는 파스타를 말한다.

# 해산물토마토파스타

## 토마토와 해산물의 풍부한 맛과 향이 살아 있는 요리

### 요리 만들기

1. 양파와 통마늘은 곱게 다지고, 생바질잎은 잘게 자른다.
2. 팬에 올리브유 2큰술을 두르고 다진 마늘을 넣어 센 불에서 향이 나도록 볶는다.
3. 마늘이 갈색으로 변하기 시작하면 다진 양파를 넣고 다시 볶는다.
4. 양파에서 나온 물기가 조금 졸아들면 새우 등 해산물을 넣고 센 불에서 볶으며 백포도주를 넣어 알코올을 날려 해산물의 비린 향을 제거해 준다.
5. 해산물을 센 불에서 익히다가 물기가 조금 졸아들면 토마토소스와 모시조개육수, 태국고추를 넣고 중간 불에서 끓인다.
6. 삶은 스파게티면을 5에 넣고 1분간 끓이다가 소금과 흰 후춧가루로 간을 하고 불을 끈 후 올리브유 1큰술과 잘게 자른 생바질잎을 넣고 섞어 완성한다.

재료

[1인분]
양파 1/8개
통마늘 1쪽
생바질잎 2장
올리브유 3큰술
껍질 깐 새우 1마리
손가락 크기로 자른 오징어 30g
소라 자른 것 20g
주꾸미 2마리
모시조개 2개
백포도주 3큰술
토마토소스 170mL
모시조개육수 150mL
태국고추 4~5개
6분 삶은 스파게티면 150g
소금 1작은술
흰 후춧가루 1/3작은술

### MEMO

**해산물토마토파스타**

해산물토마토파스타는 해산물 재료에 구애 없이 생선 또는 여러 종류의 조개를 사용하여 만들 수 있다. 일반적으로는 흰살 생선을 주로 사용하며, 홍합 또는 바지락을 사용하면 색다른 맛을 즐길 수 있다.

# 전복죽

## 풍부한 전복 향을 느낄 수 있는 영양 만점 보양 요리

### 요리 만들기

1. 찹쌀은 30분 정도 찬물에 불린다.
2. 양파와 당근, 표고버섯은 깨끗이 씻어 곱게 다진다.
3. 전복은 모래주머니를 제거하고 내장은 따로 준비한 후 검은 부분을 깨끗하게 손질하여 곱게 다진다.
4. 팬에 참기름을 두르고 전복 내장을 약한 불에서 볶다가 곱게 다진 전복을 넣고 같이 볶는다.
5. 불린 찹쌀, 다진 양파·당근·표고버섯 순서로 4에 넣고 중간 불에서 같이 볶다가 모시조개육수와 물을 넣고 끓인다.
6. 찹쌀이 익어 형태가 흐트러지면 소금과 참기름을 넣어 완성한다.

 재료

[2인분]
찹쌀 200g
양파 1/4개
당근 1/4개(약 20g)
표고버섯 2개
전복 2마리
참기름 2큰술
모시조개육수 100mL
물 300mL
소금 2작은술

> **MEMO**
> 찰진 전복죽을 좋아하지 않으면 찹쌀 말고 일반 쌀을 이용해도 좋다.

생선과 해산물 육수

# 사프란조개육수

- 맛의 특징   진한 노란색과 향, 사프란 꽃의 맛을 그대로 느낄 수 있는 고급 육수

- 보관 기간   냉장 보관 3일, 냉동 보관 15일
- 어울리는 요리   해산물파스타, 파에야

## 만드는 법

1. 냄비에 모시조개육수를 넣고 끓인 후 사프란을 넣고 식힌다.
2. 식힌 육수를 하루 정도 냉장고에 넣어 둔다.
3. 다음 날 고운 소창(면포)에 걸러 사용한다.

**재료**

모시조개육수 600mL
(96쪽 참고)
사프란 1/3작은술

### MEMO

**사프란(saffraan)**

사프란은 붓꽃과의 여러해살이풀로 모양은 가늘고 길며 꽃이 핀 후에도 계속 자라서 겨울을 나고 이듬해 봄에 시든다. 스페인, 이탈리아, 프랑스 등 유럽 남부와 소아시아에서 재배하며, 요리에 사용되는 향신료 사프란은 이 꽃의 암술만을 색에 따라 분류한 것이다. 100g을 만들기 위해 암술 15,000개를 보아 빌려아 하기 때문에 가격이 무척 비싸다. 쌀, 감자, 수프에도 이용하는데, 말린 사프란을 우유나 육수 등에 삼시 담가서 액체로 침출시켜 이용한다. 요리에는 착색 및 방향제로 사용하며, 소스 및 빵, 버터, 치즈, 비스킷 등에서 독특한 냄새와 색을 내기 위하여 사용한다. 향미보다 착색성이 강한 향신료로 생선 요리에 잘 어울리고, 스페인 요리 파에야의 필수적인 재료이며, 특유의 향과 식욕을 돋우는 색을 갖고 있기 때문에 다른 육수에 넣어서도 요리할 수 있다.

## 파에야
Paella

# 한국에서 느껴 볼 수 있는 스페인 정통 가정식 요리

## 요리 만들기

1. 쌀은 하루 전에 물에 담가 불려 놓는다.
2. 새우는 껍질을 까서 준비하고, 홍합은 깨끗이 씻어 손질한다.
3. 오징어는 깨끗이 씻어서 껍질을 벗겨 소라살과 함께 0.5cm 폭으로 썰고, 양파는 0.3cm 주사위 모양으로 작게 썬다.
4. 방울토마토는 살짝 데쳐 껍질을 벗기고 1/2로 잘라 준비한다.
5. 팬에 올리브유를 두르고 중간 불에서 토마토페이스트를 5분간 볶아 그릇에 담는다.
6. 다시 팬에 올리브유를 두르고 다진 마늘과 작게 썬 양파를 넣어 볶는다.
7. 새우, 홍합, 오징어, 소라살, 주꾸미를 6에 넣고 볶다가 백포도주를 넣어 잡냄새를 없앤 후 데친 방울토마토와 볶아 놓은 토마토페이스트를 넣고 볶는다.
8. 7에 사프란조개육수와 물에 불린 쌀을 넣고 끓이다가 육수가 졸아들면 소금, 후춧가루로 간을 하여 완성한다.

재료

[2~3인분]
| 쌀 200g |
| 새우 4마리 |
| 홍합 50g |
| 오징어 1/2마리 |
| 소라살 6개 |
| 양파 1/2개 |
| 방울토마토 3개 |
| 올리브유 30mL |
| 토마토페이스트 1작은술 |
| 다진 마늘 1작은술 |
| 주꾸미 4마리 |
| 백포도주 10mL |
| 사프란조개육수 300mL |
| 소금 1/3작은술 |
| 후춧가루 1/5작은술 |

> MEMO
>
> **파에야(paella)**
> 파에야는 스페인 전통 요리로서 여러 가지 해산물을 재료로 하는 볶음밥의 일종인데 요즘에는 쌀, 고기, 어패류, 채소 등에 사프란 향기를 가미한 요리로 통한다.

생선과
해산물
육수

# 황태육수

108

## information

- 맛의 특징　황태의 진한 향과 콩나물, 무의 시원한 맛이 잘 어울리는 육수
- 보관 기간　냉장 보관 2일, 냉동 보관 15일
- 어울리는 요리　탕, 해산물을 넣은 면 등

## 만드는 법

1. 마른 황태는 30분 정도 물에 담가 불린다.
2. 무는 깍둑썰기하고, 대파는 2등분하고, 콩나물은 머리와 수염뿌리를 제거한다.
3. 불린 황태는 물기를 꼭 짜고 손가락 두 마디 정도 크기로 찢는다.
4. 냄비에 기름 없이 국멸치를 볶은 후 들기름을 두르고 다진 마늘과 황태를 볶는다.
5. 황태가 볶아지면 청주를 넣어 잡냄새를 없앤 후 물과 무, 대파, 콩나물을 넣고 끓인다.
6. 약한 불로 30분 정도 끓인 후 체에 건더기를 걸러내어 육수를 완성한다.

 재료

마른 황태 1마리
무 1/3개
대파 1줄기
콩나물 200g
국멸치 50g
들기름 3큰술
다진 마늘 2큰술
청주 100mL
물 1.5L

> MEMO
> 육수 만드는 법처럼 황탯국을 끓일 때에는 황태를 다시 한 번 들기름에 볶아서 육수를 넣으면 더욱 진한 맛을 낼 수 있다.

# 황태찜

## 양념장과 황태의 진한 맛이 잘 어우러진 요리

### 요리 만들기

1. 황태는 머리를 자르고 물에 한번 헹군 후 30분 정도 물에 담가 놓는다.
2. [양념장 만들기] 양파는 다지고, 배는 강판에 갈아 준비한 후 나머지 양념장 재료를 골고루 섞어 하루 숙성시켜 양념장을 만든다.
3. 물에 담가 놓은 황태는 물기를 꼭 짠 후 2의 양념장을 앞뒤로 골고루 발라 1시간 정도 재워 둔다.
4. 실파는 송송 썰어서 준비한다.
5. 양념장에 재운 황태를 냄비에 담고 황태육수를 부어 센 불에서 5분 정도 끓이다가 약한 불로 줄여서 자작하게 조린다.
6. 조린 황태를 접시에 옮겨 담고 송송 썬 실파와 통깨를 뿌려 완성한다.

재료

[4인분]
황태 2마리
실파 2줄기
황태육수 500mL
통깨 1작은술

[양념장]
양파 1/2개
배 1/4개
다진 마늘 1큰술
간장 4큰술
고춧가루 2큰술
설탕 1큰술
물엿 1큰술
청주 1큰술
맛술 2큰술
후춧가루 1큰술
참기름 1큰술

MEMO
**좋은 황태를 구별하는 방법**
황태에 작은 구멍이 없으며, 건조 상태가 잘 유지되어 있는 것이 좋다.

### cooking plus  바지락칼국수

## 시원한 바지락과 청양고추의 매운맛이 잘 어울리는 요리

### 요리 만들기

1. 꽃게는 깨끗이 손질하여 4등분한다.
2. 양파와 당근은 가늘게 채 썰고, 애호박은 반달 모양으로 썰고, 청양고추와 대파는 어슷하게 썬다.
3. 냄비에 황태육수와 꽃게, 양파, 당근, 애호박, 청양고추, 해감한 바지락, 다진 마늘을 넣고 끓인다.
4. 칼국수면은 끓는 물에 3분 정도 삶은 후 얼음물에 헹군다.
5. 3의 당근과 애호박이 익으면 삶은 칼국수면을 넣고 끓인다.
6. 칼국수가 익으면 그릇에 옮겨 담고 대파를 올려 완성한다.

**재료**

[1인분]
꽃게 150g
양파 100g
당근 100g
애호박 100g
청양고추 1개
대파 1줄기
황태육수 400mL
해감한 바지락 300g
다진 마늘 1작은술
칼국수면 150g

---

**MEMO**

황태육수 또는 모시조개육수와 홍합육수를 이용하여도 잘 어울린다. 또한 민물새우를 해산물 요리에 사용하면 더 진한 맛을 낼 수 있다.

생선과 해산물 육수

# 장어뼈 육수

## information

- **맛의 특징**  생강과 마늘, 통후추로 장어의 비린내를 제거해 거부감을 줄인 육수

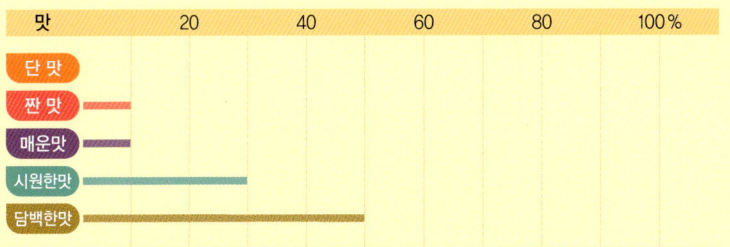

- **보관 기간**  냉장 보관 2일, 냉동 보관 15일
- **어울리는 요리**  장어탕, 장어찜, 소스

## 만드는 법

1. 장어 머리와 뼈는 흐르는 물에 3시간 정도 담가 핏물을 뺀다.
2. 마른 다시마는 젖은 수건으로 겉을 닦아 놓는다.
3. 냄비에 장어 머리와 뼈, 물, 흰 통후추, 양파, 대파를 넣고 떠오르는 거품을 제거하며 중간 불로 2시간 동안 끓인다.
4. 시간이 되면 건더기를 체에 걸러 내고 국물만 다시 냄비에 넣는다.
5. 4에 무, 청양고추, 국멸치, 마른 다시마, 통마늘, 통생강, 된장, 정종을 넣고 떠오르는 거품을 제거하며 중간 불로 30분간 끓인다(끓기 전에 다시마는 선서 낸다).
6. 시간이 되면 건더기를 소창에 걸러 내이 육수를 완성한다.

 재료

장어 머리와 뼈 4마리 분량
마른 다시마 1장
물 4L
흰 통후추 약간
양파 1개
대파 2줄기
무 1/5개
청양고추 3개
국멸치 20g
통마늘 5쪽
통생강 1/2톨
된장 1큰술
정종 30mL

**MEMO**
흔히 민물장어라고 부르는 뱀장어는 여름부터 초가을까지가 제철이며, 단백질이 풍부하다.

생선과 해산물 육수

# 멸치육수

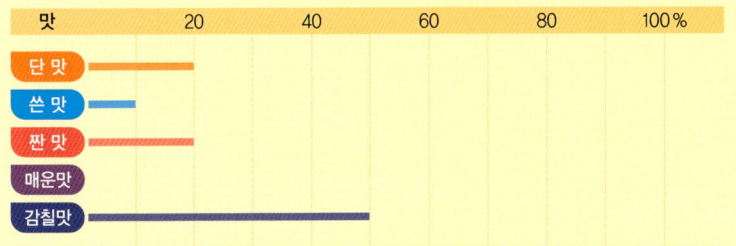

## 만드는 법

1. 멸치는 내장을 떼어 준비한다.
2. 무와 양파, 대파는 4등분한다.
3. 마른 다시마는 젖은 수건으로 겉을 닦아 놓는다.
4. 냄비에 멸치를 넣고 기름 없이 볶는다.
5. 비릿한 냄새가 나고 멸치가 살짝 구워진 듯할 때 청주를 넣어 잡냄새를 없앤 후 나머지 모든 재료를 넣고 끓인다.
6. 물이 끓으면 약한 불로 줄여 15분이 지나면 다시마를 건져내고 가 뭉글해질 때까지 20분 정도 더 끓인다.
7. 무가 부드러워지면 체에 건더기를 걸러 내어 육수를 완성한다.

**재료**

멸치 100g
무 1/4개
양파 1개
대파 2줄기
마른 다시마(손바닥 크기) 1장
청주 1큰술
통마늘 5개
물 2L

**MEMO**
소금과 간장을 사용해 간을 해도 되며, 흰 후춧가루를 넣어 향을 더할 수도 있다.

cooking plus  **멸치국수**

## 담백한 국수에 간장양념을 곁들여 감칠맛 나는 요리

### 요리 만들기

1. 양파는 얇게 채 썰고, 당근과 애호박은 채 칼로 얇게 민다.
2. 양파와 당근, 애호박은 소금, 후춧가루로 간하여 섞지 않고 각각 볶는다.
3. 달걀은 소금을 약간 넣고 풀어 거품을 걷어 낸 후 팬에 식용유를 두르고 중간 불에서 지단을 부쳐 얇게 채를 썬다.
4. 소면은 끓는 물에 1분 30초간 삶은 후 얼음물에서 헹궈 전분기를 빼고 다시 끓는 물에 30초간 삶아 낸다.
5. 삶은 국수를 돌돌 말아 그릇에 담고, 볶은 양파·당근·애호박과 달걀지단을 고명으로 올린 후 멸치육수를 끓여 그릇에 붓는다.
6. 작은 종지에 양념장을 곁들여 완성한다.

재료

[1인분]
양파 1/4개
당근 1/3개
애호박 1/3개
소금·후춧가루 약간씩
달걀 1개
식용유 약간
소면 300g
멸치육수 700mL

[양념장]
청양고추 1개
대파 1토막(손가락 길이)
고운 고춧가루 1큰술
양조간장 100mL
다진 마늘 1작은술
참깨 1작은술
참기름 1큰술

**MEMO**

양념장 만드는 법
① 청양고추는 씨를 제거하여 잘게 다지고, 대파도 잘게 다진다.
② 모든 재료를 혼합하여 24시간 숙성시킨다.

cooking plus 부대찌개

## 육수의 담백함과 재료의 고소함이 잘 어울리는 요리

### 요리 만들기

1. 삼겹살과 스팸, 두부는 1cm 두께의 직사각형으로 썰고, 핫도그소시지는 어슷하게 썬다.
2. 느타리버섯은 찢어서 준비하고, 대파는 손가락 길이 정도로 자른다.
3. 양파는 채 썰고, 신배추김치는 2cm 폭으로 썬다.
4. 전골냄비에 모든 재료를 동그랗게 담고 멸치육수를 부어 끓인다.
5. 끓으면 거품을 제거하고 약한 불로 10분 정도 끓여 완성한다.

 재료

[2인분]
삼겹살 100g
스팸 100g
두부 1/4모
핫도그소시지 2개
느타리버섯 30g
대파 1/4줄기
양파 1/2개
신배추김치 150g
다진 마늘 1큰술
돼지고기 간 것 50g
베이크드빈스 2큰술
국간장 2큰술
고춧가루 1큰술
청주 2큰술
소금·후춧가루 약간씩
멸치육수 700mL

※ 기호에 따라 라면, 떡국떡, 당면, 콩나물 등을 추가한다.

---

**MEMO**

레시피 재료 이외에 가정에서 주로 사용하는 모든 식재료를 이용할 수 있다(배추, 무, 버섯류 등).

# 시래기된장국

### 요리 만들기

1. 시래기(무청)는 물에 충분히 불려 깨끗하게 씻은 후 채소 탈수기를 이용해 물기를 제거(또는 손으로 눌러서 짠다)하고 먹기 좋은 크기(2~4cm)로 썬다.
2. 대파는 어슷하게 썰고, 통마늘은 곱게 다진다.
3. 썰어 놓은 시래기에 된장을 넣고 조물조물 무쳐 밑간한다.
4. 냄비에 멸치육수와 밑간한 시래기를 넣고 센 불에서 팔팔 끓인다.
5. 시래기가 끓어오르면 약한 불로 줄이고 20분 정도 끓인 후 대파와 다진 마늘을 넣고 소금으로 간하여 완성한다.

[2인분]
시래기(무청) 300g
대파 1/2줄기
통마늘 4쪽
된장 3큰술
멸치육수 800mL
소금 1/2작은술

**MEMO**
시래기는 한 줄기 한 줄기 세심하게 씻어 이물질을 제거한다.

## information

- **맛의 특징**   주재료인 디포리의 시원한 맛과 부재료의 감칠맛이 잘 어울리는 육수

| 맛 | 20 | 40 | 60 | 80 | 100% |

- 단 맛
- 신 맛
- 쓴 맛
- 시원한맛 ────────────────── (약 65%)
- 감칠맛 ──────── (약 30%)

- **보관 기간**   냉장 보관 2일(여름에는 변질 위험이 높으니 주의할 것), 냉동 보관 15일
- **어울리는 요리**   국, 탕, 전골 등

## 만드는 법

1. 마른 다시마는 젖은 수건으로 겉을 닦아 놓는다.
2. 통마늘은 칼 옆면으로 눌러서 으깨고, 무는 8등분 하고, 배추는 1/4등분한다.
3. 냄비에 디포리를 넣고 기름 없이 중간 불에서 갈색이 나도록 볶다가 정종을 넣어 잡냄새를 없앤 후 나머지 모든 재료를 넣고 센 불에서 끓인다.
4. 끓으면 약한 불로 줄이고 거품을 걷어 내며 끓이다가 10분 후에 다시마를 건져 낸다.
5. 1시간을 더 끓인 후 체에 건더기를 걸러 내어 육수를 완성한다.

### 재료

마른 다시마(손바닥 크기) 1/4장
통마늘 10쪽
무 1/4개
배추 1/4통
디포리 10마리
정종 3큰술
물 3L

### MEMO

**밴댕이(디포리)**

밴댕이는 몸길이가 15cm 정도인 청어과의 바닷물고기로 배 부분은 은백색이고 등 쪽이 푸른색이라 '뒤가 파랗다'는 뜻에서 디포리, 뒤퍼리 등으로 불린다. 멸치와 비슷하게 생겼지만 멸치보다 크고 납작하며 아래턱이 위턱보다 길다. 말려서 국, 찌개 등의 국물을 내는 데 이용하는데, 밴댕이로 우린 국물은 맛이 깔끔하고 깊어 최근 멸치 대용으로 인기를 끌고 있다.

 불고기낙지전골

# 국수전골

## 요리 만들기

1. 쇠고기(등심)는 샤부샤부용으로 썰고, 배추는 3cm 폭으로 자른다.
2. 표고버섯은 1cm 두께로 썰고, 느타리버섯은 적당한 크기로 뜯어 놓는다.
3. 당근은 채를 썰고, 청경채는 물에 헹군 후에 길게 4등분한다.
4. 대파는 어슷하게 썰고, 쑥갓은 씻어서 한입 크기로 뜯는다.
5. 소면은 80% 정도 삶은 후 찬물에 헹궈 물기를 빼 둔다.
6. 멸치육수를 전골냄비에 부어 국간장, 소금, 후춧가루로 간을 한다.
7. 전골냄비에 식재료를 돌려 가며 담은 후 끓여 낸다.

 재료

[2인분]

쇠고기(등심) 200g
배추 200g
표고버섯 2개
느타리버섯 5줄기
당근 1/2개
청경채 2개
대파 1/3줄기
쑥갓 30g
소면 80g
멸치육수 1.2L
국간장 2큰술
소금 · 후춧가루 조금씩

**MEMO**
소면은 처음부터 같이 넣지 않고 건더기를 먼저 먹은 후 마지막에 넣어서 먹어도 좋다.

생선과 해산물 육수

# 디포리(밴댕이)육수

## 짭잘하게 양념한 쇠고기와 낙지의 쫄깃함이 일품인 요리

### 요리 만들기

1. 양파와 대파는 채를 썰고, 주키니는 반달 모양으로 썬다.
2. 청경채는 반으로 자르고, 홍고추는 어슷하게 썬다.
3. 느타리버섯과 팽이버섯은 먹기 좋은 크기로 뜯고, 두부는 한입 크기로 자른다.
4. 낙지는 소금에 비벼 가며 깨끗이 씻어 내장을 빼고 먹기 좋은 크기로 썬다.
5. 전골냄비에 채소와 버섯, 양념한 쇠고기를 차곡차곡 돌려 가며 가지런히 담은 후 디포리육수를 부어서 끓인다.
6. 끓으면 낙지를 넣고 익힌 후 두부를 얹어 마무리한다.

**재료**

[2인분]
양파 1개
대파 1줄기
주키니 100g
청경채 50g
홍고추 2개
느타리버섯 100g
팽이버섯 1봉지
두부 1/4모
낙지 3마리
소금 약간
양념한 쇠고기 300g
(쇠고기 양념 100mL)
디포리육수 400mL

---

**MEMO**

**쇠고기 양념**
- 재료 : 양파 1/4개, 배 1/4개, 진간장 100mL, 물 400mL, 설탕 100g, 참기름 1큰술
- 만드는 법 : 재료를 모두 갈아서 24시간 숙성시킨다.

# 오분자기뚝배기

### 요리 만들기

1. 오분자기와 갯가재는 흐르는 물에 문지르듯 깨끗이 씻는다.
2. 표고버섯과 청양고추, 홍고추, 애호박, 양파는 채를 썰고, 두부와 쑥갓은 깨끗이 씻어 한입 크기로 준비한다.
3. 냄비에 디포리육수를 붓고 된장으로 간을 맞춘 후 약한 불에서 10분간 끓인다.
4. 시간이 되면 육수 안에 있는 된장 찌꺼기를 체로 걸러 낸다.
5. 다시 냄비에 4의 육수를 넣고 끓이다가 고춧가루를 넣는다.
6. 준비해 둔 해산물과 표고버섯, 청양고추, 홍고추, 애호박, 양파를 뚝배기에 넣고 5의 육수를 부어 끓인 후 위에 두부와 쑥갓을 얹어 완성한다.

[2인분]
오분자기 5마리
갯가재 2마리
해감한 바지락 200g
4등분한 꽃게 1마리
표고버섯 2개
청양고추 1/2개
홍고추 1/2개
애호박 50g
양파 1/2개
두부 1/4모
쑥갓 약간
디포리육수 300mL
된장 1큰술
고춧가루 1큰술

**MEMO**

오분자기는 작은 전복을 이르는 말인 떡조개의 제주도 사투리이며, 갯가재는 흔히 딱새우라고도 한다.

# 배추버섯된장국

## 요리 만들기

1. 배추와 새송이버섯, 두부는 한입에 먹을 수 있도록 3cm 크기로 자른다.
2. 양파는 채를 썰고, 대파는 어슷하게 썰고, 팽이버섯은 다듬어서 먹기 좋게 뜯는다.
3. 디포리육수에 다진 마늘을 넣고 끓인다.
4. 3에 된장을 풀어 넣은 후 거친 된장 입자는 체로 걸러 낸다.
5. 4에 배추와 새송이버섯, 양파를 넣고 끓인다.
6. 채소가 숨이 죽으면 두부를 넣고 국간장, 소금, 후춧가루로 간을 한다.
7. 그릇에 덜고 대파와 팽이버섯을 얹어 완성한다.

[2인분]

배추 300g
새송이버섯 3개
두부 1/4모
양파 1/2개
대파 1/2줄기
팽이버섯 1/2개
디포리육수 1L
다진 마늘 1큰술
된장 1큰술
국간장·소금·후춧가루 적당량

**MEMO**
디포리육수 이외에 멸치육수로 사용하여도 좋다.

### information

- **맛의 특징**  미역 특유의 향과 시원한 맛이 좋은 육수

| 맛 | 20 | 40 | 60 | 80 | 100% |

- 단 맛
- 짠 맛
- 매운맛
- 시원한맛
- 담백한맛

- **보관 기간**  냉장 보관 2일, 냉동 보관 15일
- **어울리는 요리**  이유식용 죽, 해산물을 이용한 국류

## 만드는 법

1. 마른 미역은 물에 담가 30분간 불린다.
2. 불린 미역은 2cm 간격으로 썰어 준비한다.
3. 냄비에 참기름과 미역을 넣고 중간 불에서 3분간 볶다가 마른 새우를 넣고 1분간 더 볶는다.
4. 3에 물과 통마늘을 넣고 떠오르는 거품을 제거하며 약한 불로 20분간 끓인다.
5. 건더기를 체에 걸러 내어 육수를 완성한다.

재료

마른 미역 20g
참기름 1작은술
마른 새우 100g
물 3L
통마늘 2쪽

**MEMO**

물미역을 사용할 경우, 줄기와 잎이 마른 미역보다 질기고 거칠기 때문에 볶는 것보다 오래 끓여야 한다.

생선과
해산물
육수

# 굴육수

132

### information

- **맛의 특징** 부재료가 맵고 시원한 맛을 내어 굴의 담백한 맛과 잘 어울리는 육수

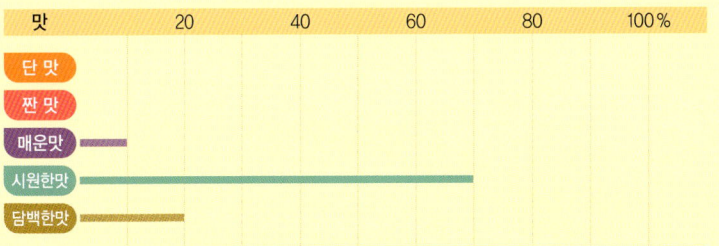

- **보관 기간** 냉장 보관 2일, 냉동 보관 15일
- **어울리는 요리** 해산물에 어울리는 국·찌개·탕·전골 등

## 만드는 법

1. 굴은 흐르는 물에 씻어 이물질을 제거한다.
2. 재첩은 소금물에 담가 어두운 곳에서 30분 정도 해감한다.
3. 무와 양파는 4등분하고, 통마늘은 칼로 으깨고, 청양고추는 반으로 가른다.
4. 모든 재료를 냄비에 넣고 끓으면 약한 불로 줄여 30분 정도 끓인다.
5. 건더기를 체에 걸러 내어 육수를 완성한다.

**재료**

굴 200g
재첩 200g
소금 약간
무 1/4개
양파 1개
통마늘 5쪽
청양고추 2개
물 2.5L

> **MEMO**
>
> **굴**
> 굴은 겨울이 제철인 식재료이다. 철분, 타우린, 단백질 성분이 다량 함유되어 있어 겨울철 피로에 지친 사회인과 학생들에게 좋다.

**cooking plus** 굴탕

## 담백한 굴이 부재료들과 어울려 식욕을 돋우는 요리

### 요리 만들기

1. 굴은 볼에 담아 소금물에 헹궈 이물질을 제거한다.
2. 통마늘은 얇게 썰고, 양파는 새끼손가락 1/2 폭으로 채를 썬다.
3. 배추는 한입 크기의 사각형으로 자르고, 느타리버섯과 팽이버섯은 먹기 좋게 뜯는다.
4. 청양고추와 홍고추, 대파는 어슷하게 썰고, 쑥갓은 흐르는 물에 씻어 한입 크기로 뜯어 놓는다.
5. 센 불에서 냄비를 달궈 식용유를 두르고 마늘, 양파, 배추, 느타리버섯, 청양고추를 볶는다.
6. 5의 재료들 겉면이 갈색으로 익을 때쯤 청주를 넣어 잡냄새를 없애고 굴육수를 넣는다.
7. 끓으면 굴을 넣고 소금과 후춧가루로 간을 한 후 다시 끓으면 거품을 걷어 낸다.
8. 마지막으로 팽이버섯, 홍고추, 대파, 쑥갓을 넣고 한 번 더 끓여 완성한다.

**재료**

[2인분]
| | |
|---|---|
| 굴 | 150g |
| 통마늘 | 3쪽 |
| 양파 | 1/2개 |
| 배추 | 100g |
| 느타리버섯 | 100g |
| 팽이버섯 | 1/2봉지 |
| 청양고추 | 1개 |
| 홍고추 | 1개 |
| 대파 | 1줄기 |
| 쑥갓 | 30g |
| 식용유 | 2큰술 |
| 청주 | 2큰술 |
| **굴육수** | **1L** |
| 소금 · 후춧가루 | 약간씩 |

---

**MEMO**

굴은 겨울이 제철이며 여름철에는 독성이 강해지므로 잘 식용하지 않는다. 서양에서는 영어 표기로 알파벳 R자가 빠진 달인 5월(May), 6월(June), 7월(July), 8월(August)에는 생굴을 먹지 않는다고 한다. 하지만 R자가 들어가 있다고 해도 9월이나 4월에는 많이 먹지 않으며, 12월 말~2월 초까지가 알이 가장 크고 맛있을 시기이다.

**cooking plus** 매생잇국

## 매생이 특유의 향이 신선하고 시원한 맛을 내는 요리

### 요리 만들기

1. 매생이는 체에 밭쳐 흐르는 물에 헹군다.
2. 굴은 볼에 담아 소금물에 헹궈 이물질을 제거한다.
3. 대파와 홍고추는 어슷하게 썰고, 팽이버섯은 밑동을 자르고 찢어 놓는다.
4. 냄비에 참기름과 다진 마늘을 넣고 볶다가 굴, 매생이 순서로 넣고 볶다가 청주를 넣어 잡냄새를 없앤다.
5. 4에 굴육수를 붓고 끓으면 약한 불로 줄여 어슷하게 썬 대파·홍고추와 팽이버섯을 넣고 2분가량 더 끓인다.
6. 끓으면 국간장과 소금으로 간하여 완성한다.

재료

[2인분]
매생이 200g
굴 300g
대파(흰 부분) 1줄기
홍고추 1개
팽이버섯 1/2봉지(100g)
참기름 2큰술
다진 마늘 1/2큰술
청주 1큰술
굴육수 1L
국간장 1큰술
소금 약간

---

MEMO

굴은 오래 끓이면 질겨지고 잡냄새가 나며, 매생이는 오래 끓일수록 색깔이 탁해지기 때문에 매생잇국은 오래 두고 먹는 것보다 바로 먹는 것이 좋다. 기호에 따라 떡을 넣어도 좋다.

 매생이수프

## 매생이 특유의 향과 시원한 맛이 잘 어울리는 수프

### 요리 만들기

1. 매생이는 체에 밭쳐 흐르는 물에 헹군다.
2. 굴은 볼에 담아 소금물에 헹궈 이물질을 제거한다.
3. 홍고추는 어슷하게 썰고, 쑥갓은 한입 크기로 뜯어 놓는다.
4. 통마늘과 마른 홍고추는 곱게 다진다.
5. 냄비에 참기름 1큰술을 두르고 다진 마늘과 다진 홍고추를 약한 불에서 볶는다.
6. 마늘이 연한 갈색으로 변하면 굴육수와 매생이, 굴, 마른 새우를 넣고 중간 불에서 끓인다.
7. 끓으면 물녹말로 농도를 맞추고, 마지막에 남은 참기름 1큰술을 넣어 향을 낸 후 홍고추와 쑥갓을 얹어 완성한다.

 재료

[1인분]
매생이 50g
굴 30g
소금 약간
홍고추 1개
쑥갓 1줌
통마늘 1쪽
마른 홍고추 1/2개
참기름 2큰술
굴육수(또는 물) 300mL
마른 새우 5g
물녹말 2큰술(물과 녹말가루 비율 2 : 1)

> **MEMO**
>
> **매생이**
> 겨울이 제철인 매생이는 파래와 비슷하지만 더욱 부드럽고 향이 진하여 파래나 김보다 더 많은 관심을 받고 있다. 식이섬유가 풍부한 저칼로리 식품으로 다이어트에 좋으며, 비타민과 철분이 풍부하여 피부 미용과 빈혈에도 효능이 있다. 또 다른 겨울 제철 식재료인 굴(석화)과 환상적인 궁합과 맛의 조화를 이룬다.

생선과 해산물 육수

# 재첩육수

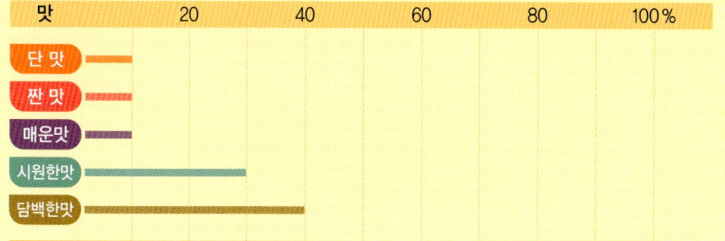

- **맛의 특징** 매콤하고 시원한 맛의 육수
- **보관 기간** 냉장 보관 2일, 냉동 보관 15일
- **어울리는 요리** 해산물을 이용한 모든 요리

## 만드는 법

1. 재첩은 물에 담가 해감한 후 여러 번 물에 헹궈 준비한다.
2. 대파와 청양고추, 홍고추는 2등분한다.
3. 냄비에 재첩과 마늘즙, 청주를 넣고 볶다가 나머지 모든 재료를 넣고 끓인다.
4. 센 불로 끓이며 주걱으로 한쪽 방향으로 계속 젓다가 재첩살이 떨어져 떠오르면 체로 건져 낸다.
5. 재첩껍데기를 체에 걸러 살이 남아 있는 것이 있으면 뜯어 둔다.
6. 육수를 봉에 남아 이물질을 가라앉히고 고운 천에 한 번 더 걸러 완성한다.

### 재료

재첩 500g
대파 1줄기
청양고추 2개
홍고추 2개
마늘즙 1큰술
청주 2큰술
물 2L

**MEMO**

**재첩**
물이 조금만 오염돼도 살지 못하는 재첩은 섬진강 유역 하동 근방에서 채취되는 것만이 자연산으로 꼽힌다. 눈을 뇌를 맑게 하며, 타우린 같은 필수 아미노산이 많이 함유되어 있어 간 기능 개선과 황달 치료에 효능이 있다. 또한 위장을 편안하게 해 주고 소변을 맑게 하여 당을 조절하는 능력이 있다.

생선과 해산물 육수

# 홍합육수

## information

- **맛의 특징**  홍합의 시원하고 담백한 맛과 청양고추의 매운맛이 잘 어울리는 육수

- **보관 기간**  냉장 보관 2일, 냉동 보관 10일
- **어울리는 요리**  해산물을 이용한 모든 요리

## 만드는 법

1. 홍합은 몇 개를 손에 쥐고 흐르는 물에 비비듯이 씻어 이물질을 떼어 낸다.
2. 마른 다시마는 젖은 수건으로 겉을 닦는다.
3. 양파와 청양고추는 반을 자르고, 대파는 3등분하고, 무는 4등분한다.
4. 모든 재료를 냄비에 넣고 끓으면 약한 불로 줄여 5분간 더 끓이다가 다시마를 건져 낸다.
5. 20분 정도 끓이다가 건더기는 체로 건져 내고 국물을 소창에 걸러 육수를 완성한다.

**재료**

홍합 1kg
마른 다시마(손바닥 크기) 1장
양파 1/2개
청양고추 2개
대파 1줄기
무 400g
통마늘 5쪽
물 3L

**MEMO**

**홍합**

철, 비타민 A, 비타민 $B_2$가 풍부한 홍합은 껍데기에서 윤기가 나며 비린내가 나지 않는 것이 신선하다. 손질할 때는 껍데기를 깨끗이 문질러 이물질을 떼어 내고 살을 발라 낸 후 연한 소금물에 흔들어 씻어 가장자리의 검은 수염을 잘라 낸다.

## cooking plus 사천탕

## 홍합의 시원한 맛과 고추의 매운맛이 잘 어울리는 요리

### 요리 만들기

1. 홍합은 깨끗이 씻어 손질하고, 모시조개는 하루 전에 해감해 둔다.
2. 오징어는 껍질을 벗겨 가로 2cm 폭으로 썰고, 새우는 등 쪽의 내장을 제거한다.
3. 양파, 주키니, 대파, 당근은 깨끗이 씻어 먹기 좋은 크기로 채를 썬다.
4. 냄비에 태국고추를 넣어 기름 없이 살짝 볶은 후 홍합육수를 넣고 끓인다.
5. 끓으면 해산물과 채소를 넣고 떠오르는 거품을 제거하며 약한 불에서 10분간 끓인다.
6. 마지막으로 소금으로 간하여 완성한다.

**재료**

[2인분]

홍합 10개
모시조개 10개
오징어 1/2마리
새우 6마리
양파 1개
주키니 100g
대파 1/2줄기
당근 100g
태국고추 5개
**홍합육수 2L**
소금 약간

---

**MEMO**

**쓰촨요리(사천요리)**
중국 8대 요리 가운데 하나로 손꼽히는 쓰촨요리(사천요리)는 일반적으로 향이 강한 산초나 매운 고추 등의 향신료를 많이 넣어 향이 강하고 매운 중화 요리로 알려져 있다. 두부와 말린 해산물을 잘 요리하는 것이 특징이며 맛이 맵고 자극적이다.

## 짬뽕

# 여러 해산물을 사용해 시원한 맛이 일품인 요리

## 요리 만들기

1. 꽃게와 홍합은 흐르는 물에 씻어 이물질을 제거한 후 꽃게는 2등분한다.
2. 오징어는 껍질을 벗기고 썬다.
3. 양파는 채 썰고, 대파는 송송 썰고, 불린 목이버섯은 먹기 좋은 크기로 뜯는다.
4. 냄비에 식용유를 두르고 양파, 대파, 목이버섯, 다진 마늘을 넣고 볶는다.
5. 4에 해산물과 고운 고춧가루를 넣고 볶다가 홍합육수와 태국고추를 넣고 떠오르는 거품을 제거하면서 8분간 끓인 후 소금으로 간을 한다.
6. 중화면은 끓는 물에 3분간 삶아 건져 낸다.
7. 면을 그릇에 담고 그 위에 5의 뜨거운 국물을 부어 요리를 완성한다.

**재료**

[2인분]
꽃게 1마리
홍합 200g
오징어 1/2마리
양파 1/3개
대파 1/2줄기
불린 목이버섯 10g
식용유 약간
다진 마늘 2작은술
껍질 벗긴 새우 4마리
주꾸미 4마리
고운 고춧가루 2큰술
홍합육수 1.5L
태국고추 5개
소금 약간
중화면 150g

---

**MEMO**

**짬뽕(champon)**
짬뽕은 국수에 각종 해산물이나 채소를 넣어 만드는 요리로 가정에서 사용하는 모든 해산물과 채소를 활용하여 만들 수 있다. 단, 생선살을 사용할 경우에는 마지막에 넣고 끓여 익혀서 나간다.

## 톰얌쿵
tom yam kung

### 새우를 비롯한 해산물이 주재료로 특유의 향이 강한 수프

## 요리 만들기

1. 모시조개는 소금물에 담가 3시간 정도 해감한다.
2. 홍합과 새우는 흐르는 물에 깨끗이 씻어 손질한다.
3. 오징어는 껍질을 벗겨 가로 2cm 폭으로 자른다.
4. 통생강은 얇게 썰고, 새송이버섯은 1cm 두께로 길게 썬다.
5. 냄비에 올리브유와 참기름을 두르고 모시조개, 홍합, 새우, 오징어, 생강, 새송이버섯, 태국고추, 고춧가루를 넣고 타지 않게 약한 불에서 볶는다.
6. 모시조개가 입을 벌리면 홍합육수와 닭육수(두 번째), 코코넛밀크, 칠리페이스트를 넣고 떠오르는 거품을 제거하면서 중간 불로 끓인다.
7. 마지막으로 레몬주스를 넣고 피시소스로 간을 한 후 고수잎을 올려 완성한다.

**재료**

[2인분]
모시조개 100g
소금 약간
홍합 100g
새우 4마리
오징어 1/2마리
통생강 10g
새송이버섯 300g
올리브유 30mL
참기름 10mL
태국고추 5g
고춧가루 3작은술
홍합육수 400mL
닭육수(두 번째) 300mL
(234쪽 참고)
코코넛밀크 100mL
칠리페이스트 3큰술
레몬주스 2작은술
피시소스 약간
고수잎 10g

---

**MEMO**

**톰얌쿵(tom yam kung)**
세계 3대 수프에 속하는 톰얌쿵은 태국에서 가장 유명한 음식 중 하나이다. 톰(tom)은 끓인다, 얌(yam)은 새콤하다, 쿵(kung)은 새우를 뜻한다. 해산물이 풍부하게 들어가 타우린 함량이 높아 성인병, 고혈압, 피부 노화 예방에 좋다.

cooking plus 해물전골

## 신선한 여러 해산물의 향과 시원한 맛이 일품인 요리

### 요리 만들기

1. 모시조개는 소금물에 담가 해감하고, 새우는 물로 깨끗이 씻는다.
2. 꽃게는 솔로 문질러 깨끗이 씻어 등껍데기와 배딱지를 분리한 후 내장을 제거하고 씻어 가위로 몸통과 다리를 먹기 좋게 자른다.
3. 낙지는 소금으로 문질러 깨끗이 씻은 후 먹기 좋게 자른다.
4. 양파, 주키니, 무, 대파, 미나리, 느타리버섯은 깨끗이 씻어 먹기 좋은 크기로 자른다.
5. 두부와 쑥갓은 한입 크기로 자르고, 팽이버섯은 밑동을 자르고 먹기 좋게 뜯어 놓는다.
6. 1~4에서 준비한 재료들을 전골냄비 안에 둘러 준다.
7. 6에 홍합육수와 전골 양념을 넣고 떠오르는 거품을 제거하며 10분간 끓인다.
8. 끓으면 두부와 쑥갓, 팽이버섯을 고명으로 얹어 살짝 익혀서 완성한다.

**재료**

[2인분]
모시조개 300g
새우 4마리
꽃게 1마리
낙지 1마리
소금 약간
양파 1/2개
주키니 1/5개
무 400g
대파 1/2줄기
미나리 100g
느타리버섯 100g
두부 1/4모
쑥갓 50g
팽이버섯 1봉지
홍합육수 2L

[전골 양념]
고춧가루 3큰술
국간장 1큰술
다진 마늘 1/2큰술
다진 생강 1작은술
된장 1/2큰술
고추장 1큰술
소금·후춧가루 약간씩

---

MEMO
해물전골은 다양한 해산물을 이용할 수 있으며, 고추장이나 된장을 사용하여 자신만의 요리로도 만들 수 있다.

# 샤부샤부

cooking plus

### 홍합육수의 시원한 맛이 채소와 육류에 잘 어우러진 요리

#### 요리 만들기

1. 쇠고기(등심)는 얇게 썰어 그릇에 넓게 펴 둔다.
2. 양파는 채를 썬다.
3. 표고버섯은 기둥을 떼어 저며 썰고, 팽이버섯은 밑동을 잘라 가닥으로 뜯는다.
4. 배춧잎과 미나리는 길게 자르고, 숙주와 쑥갓은 깨끗이 씻어 다듬는다.
5. 냄비에 홍합육수를 넣고 끓인 후 소금과 후춧가루로 간을 약하게 한다.
6. 5에 단단한 재료부터 넣고 익힌 후 쇠고기를 넣어 가며 살짝 익혀 먹는다.

재료

[2인분]
쇠고기(등심) 300g
양파 1/2개
표고버섯 3개
팽이버섯 2봉지
배춧잎 200g
미나리 200g
숙주 100g
쑥갓 50g
홍합육수 2L
소금 · 후춧가루 약간씩

---

**MEMO**

**샤부샤부에 어울리는 참깨소스**

**재료** : 물 70mL, 양조간장 30mL, 폰즈소스 30mL, 통깨 100g, 설탕 1/2큰술, 땅콩버터 50g, 올리브유 50mL, 레몬주스 2큰술

**만드는 법** :
❶ 물, 양조간장, 폰즈소스, 통깨, 설탕, 땅콩버터를 블렌더에 넣는다.
❷ 블렌더를 강하게 하여 ❶의 재료를 간 후 올리브유를 흘리듯 부어 가며 다시 곱게 간다.
❸ 마지막에 레몬주스를 넣어 한 번 더 간 후에 체에 걸러 준다(통깨가 아주 곱게 갈려야 한다).
❹ 완성된 소스는 6시간 냉장 숙성시킨 후 사용한다.

생선과 해산물 육수

# 바지락육수

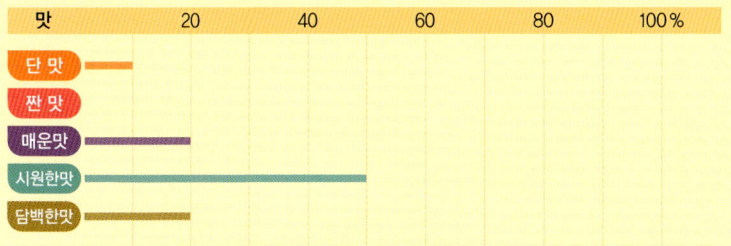

- 맛의 특징   바지락의 시원한 맛과 청양고추의 매운맛이 잘 어울리는 육수
- 보관 기간   냉장 보관 3일, 냉동 보관 15일
- 어울리는 요리   모든 해산물 요리

## 만드는 법

1. 바지락은 소금물에 담가 어두운 곳에서 1시간 정도 해감한다.
2. 통마늘은 칼 옆면으로 눌러 으깨고, 청양고추는 이쑤시개로 구멍을 낸다.
3. 배추와 대파는 듬성듬성 잘라 4등분한다.
4. 냄비에 2와 3에서 준비한 재료를 깔고, 그 위에 바지락을 물에 헹궈 얹은 후 청주와 물을 붓고 중간 불로 끓이다가 끓어오르면 약한 불로 줄여 20분간 끓인다.
5. 체에 건더기를 걸러 내고 국물만 다시 면포에 걸러 육수를 완성한다.

재료

바지락 1kg
소금 약간
통마늘 10쪽
청양고추 2개
배추 200g
대파 1줄기
청주 50mL
물 1.5L

**MEMO**

홍합 등 조개류는 오래 끓이면 맑았던 육수 색이 점점 누런 빛깔을 띠면서 씁쓸한 맛이 난다. 이는 너무 오래 끓이면서 껍데기에 포함된 씁쓸한 맛이 배어나기 때문이다. 조개의 양에 따라 다르지만 조개류로 만드는 육수는 끓고서 30분 미만이면 이미 육수의 맛이 다 나왔다고 해도 무방하므로 그 이상 오래 끓이지 않는다.

## cooking plus 꽃게탕

## 꽃게의 천연 맛과 부재료가 잘 어울려 맛깔나는 요리

### 요리 만들기

1. 꽃게는 솔로 문질러 깨끗이 씻어 등껍데기와 배딱지를 분리한 후 내장을 제거하고 씻어 가위로 몸통과 다리를 먹기 좋게 자른다.
2. 무는 3cm 정사각형 크기로 자르고, 애호박은 반달 모양으로 썬다.
3. 미나리와 쑥갓은 손질하여 손가락 두 마디 길이로 자르고, 콩나물은 깨끗이 씻어 물기를 제거한다.
4. 양파는 채 썰고, 청양고추는 어슷하게 썬다.
5. 냄비에 바지락육수, 다진 마늘, 고춧가루, 된장, 청주와 무, 애호박, 양파를 넣고 끓인다.
6. 무가 투명하게 익으면 꽃게와 콩나물, 청양고추, 민물새우를 넣고 끓인다.
7. 꽃게가 익으면 국간장, 소금, 후춧가루로 간을 한다.
8. 마지막으로 미나리와 쑥갓을 넣고 한 번 더 살짝 끓여 완성한다.

**[2인분]**
- 꽃게 2마리
- 무 150g
- 애호박 100g
- 미나리 100g
- 쑥갓 100g
- 콩나물 200g
- 양파 1/2개
- 청양고추 2개
- 바지락육수 1.2L
- 다진 마늘 1큰술
- 고춧가루 1큰술
- 된장 1큰술
- 청주 2큰술
- 민물새우 50g
- 국간장 1큰술
- 소금·후춧가루 약간씩

---

**MEMO**

꽃게 등 갑각류는 열을 가하면 붉은색으로 변하는데 이는 껍데기에 함유되어 있는 아스타잔틴(astaxanthin)이라는 물질 때문이다. 카로티노이드 계통인 아스타잔틴은 단백질과 결합하여 청흑색을 띠다가 열에 의해 단백질이 분리되면 산화되어 아스타신(astacin)으로 변해 붉은색을 띠게 된다.

cooking plus

순두부찌개

## 부드러운 두부에 시원한 바지락 맛이 어우러진 요리

### 요리 만들기

1. 바지락은 소금물에 담가 해감한다.
2. 양파는 채 썰고, 애호박은 반달 모양으로 썰고, 청양고추와 홍고추, 대파는 송송 썬다.
3. 냄비에 식용유를 두르고 다진 마늘과 고춧가루를 넣어 볶는다.
4. 3에 양파, 애호박, 청양고추, 바지락, 바지락육수를 넣고 끓으면 순두부를 넣고 새우젓으로 기본 간을 한다.
5. 마지막으로 달걀을 깨서 넣고 한 번 더 끓여 소금과 후춧가루로 간을 한 후에 홍고추와 대파, 참기름을 넣어 완성한다.

 재료

[2인분]
바지락 100g
양파 1/4개
애호박 100g
청양고추 1개
홍고추 2개
대파 1/4줄기
식용유 1큰술
다진 마늘 1작은술
고춧가루 2큰술
바지락육수 500mL
순두부 1봉지
새우젓 1작은술
달걀 1개
소금 · 후춧가루 약간씩
참기름 1작은술

> **MEMO**
> 붉은색이 나는 순두부찌개를 원하지 않을 경우에는 고춧가루를 사용하지 않고 바지락육수와 새우젓, 마늘, 소금을 이용해 맑은 순두부찌개를 만들어도 된다.

생선과 해산물 육수

# 성게육수

- 맛의 특징   마늘과 대파로 성게의 비린 향을 없애고, 새우와 무를 더해 시원한 맛을 살린 육수
- 보관 기간   냉장 보관 2일, 냉동 보관 15일
- 어울리는 요리   성게미역국

## 만드는 법

1. 성게 껍데기는 찬물에 1시간 정도 담가 짠물을 제거한다.
2. 마른 다시마는 젖은 수건으로 겉을 닦아 놓는다.
3. 냄비에 마른 새우를 넣고 기름 없이 살짝 볶는다.
4. 3에 디포리를 제외한 나머지 재료를 모두 넣고 떠오르는 거품을 제거하면서 끓인다.
5. 끓으면 다시마를 건져 내고 약한 불에서 20~30분간 더 끓인다.
6. 불을 끄고 디포리를 넣어 10분 정도 담가 둔다.
7. 시간이 되면 고운체로 건더기는 걸러 내고 국물만 소창으로 한 번 더 걸러 육수를 완성한다.

재료

성게 껍데기 8개
마른 다시마 10g
마른 새우 100g
물 3L
무 1/5개
대파 1줄기
통마늘 5쪽
디포리 50g

**MEMO**

**성게**
둥근 몸체에 석회질의 가시가 나 있는 성게는 봄에서 여름이 제철이며, 단백질 및 각종 비타민을 충분히 함유하고 있는 건강 식품이다. 성게의 80%를 차지하는 껍데기는 탄산칼슘으로 이루어져 있는데, 인체 흡수율이 좋아서 칼슘 보조제 등으로도 가공된다고 한다.

# 성게미역국

## 성게와 미역으로 바다의 향을 그대로 담아낸 요리

### 요리 만들기

1. 불린 미역은 2cm 간격으로 썬다.
2. 냄비에 참기름과 다진 마늘, 불린 미역을 넣고 볶는다.
3. 2에 성게육수를 넣고 떠오르는 거품을 제거하면서 중간 불로 5분간 끓인다.
4. 마지막으로 성게알을 넣고 소금으로 간을 하여 완성한다.

 재료

[1인분]
불린 미역 200g
참기름 2큰술
다진 마늘 2작은술
성게육수 700mL
성게알 2큰술
소금 약간

> **MEMO**
> 성게알은 소량으로도 바다 향을 충분히 느낄 수 있을 만큼 향이 강한 식재료이다. 냉장 보관할 수 있는 기간이 짧아 구매한 즉시 먹는 것이 좋다.

## cooking plus 성게국수

## 시원한 맛과 바다 향을 진하게 느낄 수 있는 따뜻한 요리

### 요리 만들기

1. 달걀은 소금을 약간 넣고 풀어 거품을 걷어낸 후 팬에 식용유를 두르고 지단을 부쳐 얇게 채 썬다.
2. 당근은 얇게 채를 썬 후 팬에 식용유를 두르고 볶으면서 소금으로 간을 한다.
3. 대파는 어슷하게 썬다.
4. 냄비에 소금을 약간 넣고 물을 끓여 중면을 삶은 후 찬물에 헹궈 둔다.
5. 냄비에 성게알과 성게육수와 넣고 끓여 소금으로 간을 한다.
6. 삶아 둔 면을 5의 성게육수에 살짝 데쳐 그릇에 담는다.
7. 면을 담은 그릇에 성게알과 성게육수를 넣고 달걀지단, 당근, 대파, 김가루로 고명을 올려 완성한다.

**재료**

[1인분]
달걀 1/2개
소금 적당량
식용유 약간
당근 20g
대파 약간
중면 150g
성게알 20g
성게육수 700mL
김가루 약간

---

**MEMO**

**양념장**
**재료 :** 청양고추 1개, 대파 1토막(손가락 길이), 고운 고춧가루 1큰술, 양조간장 100mL, 다진 마늘 1작은술, 참깨 1작은술, 참기름 1큰술

**만드는 법 :**
❶ 청양고추는 씨를 제거하여 잘게 다지고, 대파도 잘게 다진다.
❷ 모든 재료를 혼합하여 24시간 숙성시킨다.

## 가다랑어포육수

생선과 해산물 육수

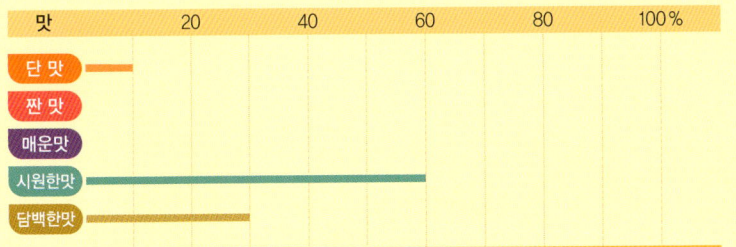

- **맛의 특징** 가다랑어포 특유의 향과 부재료의 시원한 맛이 해산물 요리에 잘 어울리는 육수
- **보관 기간** 냉장 보관 2일, 냉동 보관 15일
- **어울리는 요리** 해산물에 어울리는 국·찌개·탕·전골 등

## 만드는 법

1. 무, 양파, 당근, 대파는 6등분한다.
2. 마른 다시마는 젖은 수건으로 겉을 닦아 놓는다.
3. 가다랑어포를 제외한 모든 재료를 냄비에 넣고 강한 불로 끓인다.
4. 끓기 시작하면 약한 불로 줄여 10분 정도 끓이다가 다시마를 건져 내고 20분간 더 끓인다.
5. 마지막으로 가다랑어포를 넣어 5분 더 끓인 후 건더기를 체에 걸러 내어 육수를 완성한다.

### 재료

무 1/2개
양파 1개
당근 1개
대파 1줄기
마른 다시마 1/4장
물 2L
디포리 10마리
청양고추 2개
통마늘 5쪽
가다랑어포 20g

### MEMO

**가다랑어포(가쓰오부시)**

흔히 가다랑어포는 일본어 그대로 '가쓰오부시(かつおぶし)'라고도 부른다. 가다랑어를 포 떠서 증기로 찌고 불에 건조시키는 과정을 수차례 반복하여 건조시키면 곰팡이가 피는데, 이 방법을 4~5개월간 4~5회 반복하면 곰팡이가 끼지 않게 된다. 이 과정을 거쳐 단단힌 가다랑어포가 만들어지며, 주로 대패 같은 것으로 얇게 깎아서 사용한다. 맛을 내는 주성분인 이노신산(inosinic acid)이 진한 감칠맛을 내서 고명으로 올리거나 국물을 내는 데 많이 사용한다. 가다랑어포를 고를 때는 깎아 놓은 것이라면 들어 봐서 맞은편 사람이 보일 정도로 투명한 것이 좋고, 통가다랑어포라면 잘 말라 있고 무거우며 두드려 보아 맑은 소리가 나는 것이 좋다. 한 번 사용하고 남은 것은 밀봉하여 냉동실에 보관한다.

 일식 된장국

## 간편하게 만들 수 있는 시원하고 담백한 된장국

### 요리 만들기

1. 팽이버섯은 밑동을 잘라 내고 2cm 간격으로 썬다.
2. 두부는 사방 1cm 크기의 사각형으로 썬다.
3. 쪽파는 0.5cm 간격으로 송송 썬다.
4. 냄비에 가다랑어포육수를 넣고 끓인다.
5. 끓으면 체로 된장을 덩이리 없이 풀어 넣은 후 약한 불로 10분간 끓인다.
6. 간을 확인하고 팽이버섯과 두부를 넣어 살짝 더 끓인 후 그릇에 담고 실파를 올려 완성한다.

재료

[3~4인분]
팽이버섯 2봉지
두부 1모
쪽파 2줄
가다랑어포육수 1L
일본 된장(미소) 80g

### MEMO

**일식 된장국(미소시루)**

일식 된장국은 일본어로 미소시루(みそ汁)라고 한다. 미소된장국이라고도 하는데 일본어로 미소는 '된장', 시루는 '국'을 뜻하므로 된장이라는 단어가 중복되고, 그냥 된장국이라고 순화해서 쓰기에는 한식 된장국과 많이 다르므로 일식 된장국이라고 구분한다.

### cooking plus
# 일식 메밀국수

## 부재료들이 육수의 감칠맛을 한층 더 살려 주는 요리

### 요리 만들기

1. 무는 껍질을 벗겨 반으로 자르고, 대파는 깨끗이 씻는다.
2. 냄비에 가다랑어포육수와 무, 대파, 진간장, 맛술, 설탕을 넣고 약한 불에서 10분간 끓인 후 소창에 걸러 메밀국수용 육수를 만든다.
3. 생메밀면은 냄비에 물을 끓여 소금을 약간 넣고 삶은 후 얼음물에 넣어 전분기를 제거한다.
4. 삶은 메밀면을 그릇에 담고 **2**에서 만든 메밀국수용 육수를 부은 후 송송 썬 실파와 김 자른 것, 오이채를 위에 올리고 강판에 간 무와 고추냉이를 곁들여 낸다.

 재료

[2인분]
무 20g
대파 1/2줄기
**가다랑어포육수 2L**
진간장 180mL
맛술 180mL
설탕 100g
생메밀면 300g
소금 약간
송송 썬 실파 약간(약 5g)
김 자른 것 약간(약 3g)
오이채 약간(약 30g)
강판에 간 무 약간(약 10g)
고추냉이(와사비) 약간 (약 5~10g)

---

**MEMO**

**일식 메밀국수(소바)**
흔히 일식 메밀국수를 소바(そば)라고 하는데, 이는 메밀국수를 뜻하는 일본어 '소바키리(そば切り)'의 준말이다.

# 전복찜

## 전복의 담백한 맛과 육수의 시원한 맛이 잘 어울리는 요리

### 요리 만들기

1. 전복은 솔로 문질러 깨끗이 씻어 살을 떼어 낸 후 내장과 이빨을 제거하고 씻어 가로세로로 칼집을 넣는다(껍데기는 버리지 말고 씻어 둔다).
2. 대파는 3등분하고, 양파는 반으로 자르고, 사과는 4등분한다. 생밤은 반으로 자르고, 은행은 팬에 식용유를 두르고 소금으로 간하여 볶아 속껍질을 벗긴다.
3. 냄비에 가다랑어포육수, 진간장, 통마늘, 설탕, 대파, 양파, 사과를 넣고 20분간 약한 불에서 끓인다.
4. 시간이 되면 체로 건더기를 건져 내고 전복과 생밤을 넣어 10분간 끓인다.
5. 전복이 익으면 꺼내서 전복 껍데기에 넣고 접시에 담는다.
6. 4에 은행을 넣고 끓이다가 생밤이 익었을 때 같이 건져서 전복 위에 얹는다.
7. 4의 국물에 참기름을 넣고 저어서 전복 위에 한 숟가락씩 뿌려 완성한다.

**재료**

[2인분]
전복 4개
대파 1줄기
양파 1/2개
사과 1/2개
생밤 2톨
은행 4알
식용유 약간
소금 약간
가다랑어포육수 1L
진간장 250mL
통마늘 2쪽
설탕 200g
참기름 1작은술

---

**MEMO**

**전복**
전복은 다시마와 미역 등 해초류를 먹고 살기 때문에 내장이 검고 파란색을 띤다. 전복 내장에는 아르지닌(arginine)이라는 아미노산이 다량 함유되어 있으므로 전복찜이나 전복죽에 이용하면 영양적으로 좋다. 산란기인 4~5월에는 전복 내장에 독성이 있으므로 주의한다.

생선과 해산물 육수

# 문어육수

## information

- **맛의 특징**  문어 특유의 풍미와 시원한 맛이 좋은 육수

| 맛 | 20 | 40 | 60 | 80 | 100% |
|---|---|---|---|---|---|
| 단 맛 | | | | | |
| 짠 맛 | | | | | |
| 매운맛 | | | | | |
| 시원한맛 | | | | | |
| 담백한맛 | | | | | |

- **보관 기간**  냉장 보관 2일, 냉동 보관 10일
- **어울리는 요리**  해물된장국

## 만드는 법

1. 문어는 머리를 뒤집어서 내장을 제거한 후 밀가루와 소금으로 빨래하듯 박박 씻어 불순물과 끈적임이 없도록 흐르는 물에 헹군다.
2. 양파와 대파는 4등분한다.
3. 냄비에 양파, 대파, 청주, 물을 넣고 끓으면 문어를 넣고 뚜껑을 덮는다.
4. 한소끔 끓으면 불을 줄여 8분간 삶고 불을 끈 후 문어를 꺼낸다.
5. 국물이 식으면 건더기를 체에 걸러 내어 육수를 완성한다.

**재료**

문어 1마리
밀가루 1컵
소금 1/2컵
양파 1개
대파 1줄기
청주 100mL
물 2L

**MEMO**

문어육수는 스페인의 볶음밥인 파에야를 만들 때 자주 사용한다. 파에야는 사용하는 재료에 따라 이름을 달리 부르는데, 문어육수를 사용할 때는 해산물파에야가 가장 적당하겠다.

# 문어국수

## 쫄깃한 문어와 부드러운 국수의 식감이 잘 어울리는 요리

### 요리 만들기

1. 양파와 당근은 5mm 폭으로 얇게 채를 썬 후 문어육수에 데쳐서 준비한다.
2. 대파는 어슷하게 채 썰고, 달걀은 풀어서 준비하고, 조미 김은 가위로 얇게 자른다.
3. 중면은 끓는 물에 삶아 얼음물에 헹군 후 다시 끓는 물에 데쳐서 물기를 털어 내고 그릇에 담는다.
4. 문어육수에 소금과 후춧가루를 넣어 간을 하고 달걀 푼 것을 넣는다.
5. 삶은 국수에 4의 달걀 풀어 넣은 육수를 붓는다.
6. 데쳐 낸 양파·당근과 삶은 문어 얇게 썬 것, 채 썬 대파, 참기름, 조미 김을 고명으로 얹어 완성한다.

**[1인분]**
양파 1/2개
당근 20g
문어육수 500mL
대파 약간
달걀 1개
조미 김 약간
중면 200g
소금·후춧가루 조금씩
삶은 문어 얇게 썬 것 8개
참기름 1작은술

**MEMO**
문어에는 피로 회복에 좋은 타우린이 많이 함유되어 있어 피로한 날에 먹으면 좋다.

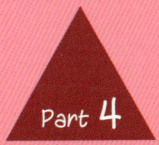

# 고기와 고기뼈 육수

사골육수 김치전골, 떡국 · 맑은갈색사골육수 고기국수, 도가니탕 · 사태육수 · 양지머리육수 육개장, 물냉면, 버섯전골 · 쇠고기육수 비프콩소메, 쇠고기탕, 쇠고기죽 · 쇠고기 · 뼈육수 쇠고기열갈이해장국, 청국장 · 돼지고기육수 비지찌개, 김치찌개 · 돼지뼈육수 감자탕, 미트소스스파게티 · 닭육수(첫 번째) 닭칼국수, 버섯수프 · 닭육수(두 번째) 쌀국수, 한방삼계탕, 닭볶음탕, 버섯탕 · 닭육수(세 번째) · 오리뼈육수 오리백숙

고기와 고기뼈 육수

# 사골육수

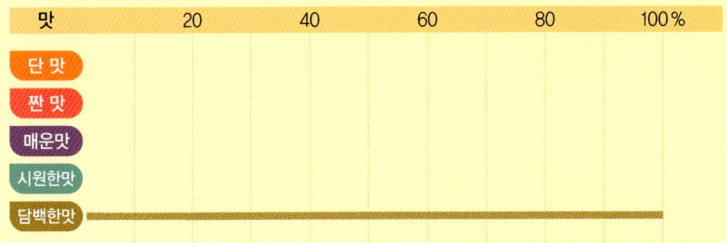

- 맛의 특징   주로 곰탕이라고 많이 부르는, 담백한 맛이 좋은 육수
- 보관 기간   냉장 보관 2일, 냉동 보관 15일
- 어울리는 요리   소스, 쇠고기를 이용한 전골·탕 등

## 만드는 법

1. 사골은 찬물에 6시간 이상 담가 핏물을 뺀다.
2. 대파와 양파, 사과, 배, 통마늘은 깨끗이 씻는다.
3. [1차 데치기] 냄비에 물 2L를 넣고 사골을 데쳐 기름기를 제거한다.
4. [2차 끓이기] 냄비에 물 6L와 데친 사골, 대파, 양파, 통마늘을 넣고 떠오르는 기름과 거품을 제거하면서 약한 불에서 3시간 넘게 끓인다.
5. [3차 끓이기] 고운체로 건더기를 걸러 낸 후 사과, 배를 넣고 30분간 약한 불로 끓인다.
6. 건더기를 고운체로 걸러 주고 마지막으로 한 번 더 소창에 걸러 육수를 완성한다.

재료

사골 1kg
대파 1줄기
양파 1/2개
사과 1개
배 1개
통마늘 4쪽
물 8L

**MEMO**

옛 어르신들 중에는 사골을 재탕, 삼탕해서 우려내 드시는 분들이 많았다. 재탕까지는 그렇다 치더라도 삼탕에 이르면 뼈에서 잔구멍을 많이 볼 수 있다. 그것은 뼈에 있는 모든 성분들이 빠져나갔기 때문이란 것을 알아야 한다. 삼탕이 아니라 처음 육수를 완성한 후에도 그런 뼈가 많이 발견되는데 이럴 경우에는 다시 사용하지 않고 버리는 것이 옳다.

## 김치전골

## 담백한 육수에 부드러운 고기와 김치의 식감이 좋은 요리

### 요리 만들기

1. 양파는 채를 썰고, 표고버섯과 주키니는 0.2cm 두께로 길게 썰고, 대파와 홍고추, 청양고추는 어슷하게 썬다. 느타리버섯은 다듬어서 먹기 좋게 뜯어 놓고, 두부는 6등분한다.
2. 1에서 손질한 재료를 전골냄비에 돌려 담는다.
3. 돼지고기는 손가락 두 마디 크기로 자른 후 다진 마늘과 청주에 버무려서 전골냄비에 담는다.
4. 냄비에 식용유를 두르고 중간 불에서 배추김치를 볶다가 숨이 죽으면 고춧가루를 넣고 약한 불에서 5분간 더 볶는다.
5. 전골냄비에 4의 볶은 김치를 넣고 사골육수를 부어 끓인 후 소금과 후춧가루로 간을 맞춘다.

 재료

[2인분]
양파 1/2개
표고버섯 4개
주키니 1/5개
대파 1줄기
홍고추 1개
청양고추 1개
느타리버섯 200g
두부 1/2모
돼지고기 500g
다진 마늘 1작은술
청주 2큰술
식용유 1큰술
배추김치 800g
고춧가루 2큰술
사골육수 1L
소금 · 후춧가루 약간씩

**MEMO**
묵은지를 이용해 김치전골을 만들 경우에는 육수가 끓고 난 후 중간 불에서 20분 이상 끓여 완성해야 묵은지 특유의 신맛이 제거되고 좋은 식감을 얻을 수 있다.

 떡국

# 부드러운 사골육수와 쫄깃한 떡이 잘 어울리는 요리

## 요리 만들기

1. 떡국 떡은 물에 불려 둔다.
2. 달걀은 흰자와 노른자를 나누어 지단을 부친 후 식혀서 잘게 채 쳐 준비한다.
3. 대파는 어슷하게 채를 썰어 준비하고, 조미 김은 가위로 얇게 자른다.
4. 사골육수에 다진 마늘과 불려 둔 떡을 넣고 떡이 익을 때까지 끓인다.
5. 삶은 양지고기를 잘게 찢어서 4에 넣고 국간장과 소금, 후춧가루로 간을 한다.
6. 그릇에 떡국을 담고, 그 위에 달걀지단과 대파, 조미 김 자른 것을 얹어 완성한다.

**재료**

[2인분]

떡국 떡 200g
달걀 2개
대파 1줄기
조미 김 약간
사골육수 1L
다진 마늘 1큰술
삶은 양지고기 100g
국간장 · 소금 · 후춧가루 적당량

---

**MEMO**

**떡국의 유래**

떡국을 만드는 방법은 지방마다, 집안마다 조금씩 다르다. 동국세시기에서는 탕 색깔이 하얗다고 하여 백탕(白湯), 떡을 넣고 끓였다 하여 병탕(餠湯)이라 불렀다고 적혀 있다. 원나라에서 들어온 풍속의 영향으로 매로 꿩 사냥을 하는 것이 귀족들의 놀이였는데, 매가 물어 온 꿩으로 만든 육수나 만두를 넣어 만든 떡국을 고급 음식으로 취급하였다. 이후 서민들이 닭으로 떡국을 만들기 시작하였는데 시대적 변화에 따라 점차 쇠고기를 사용하게 되었다.

**고기와 고기뼈 육수**

# 맑은갈색사골육수

고기와
고기뼈
육수

# 사태육수

## 육수의 담백한 맛과 도가니의 쫄깃한 식감이 좋은 요리

### 요리 만들기

1. 도가니는 3시간 정도 찬물에 담가 핏물을 뺀다.
2. 냄비에 물 1L를 넣고 끓여 도가니를 넣고 5분간 삶은 후 체에 걸러 물은 버리고(핏물과 잡냄새 제거) 도가니 표면에 붙어 있는 기름기를 제거한다.
3. 다시 냄비에 물 4L, 삶은 도가니, 양파, 통마늘, 통생강, 대파, 인삼을 넣고 떠오르는 거품과 기름기를 제거하면서 도가니가 부드러워질 때까지 중간 불로 3~4시간 삶는다.
4. 도가니를 건져 낸 후 소창에 걸러 건더기는 버리고 국물만 다시 냄비에 넣고 맑은갈색사골육수와 섞어서 끓인다.
5. 건져 낸 도가니를 5cm 길이로 썰어서 4에 대추와 함께 넣고 다시 끓인다.
6. 소금과 후춧가루로 간을 맞추고 그릇에 담아 대파 썬 것을 올려 완성한다.

**재료**

[2인분]
도가니 1kg
물 5L
양파 1/2개
통마늘 5쪽
통생강 20g
대파 1/2줄기
인삼 2뿌리
맑은갈색사골육수 700mL
대추 5알
소금·후춧가루 약간씩
대파 썬 것 약간

---

**MEMO**

**도가니**
도가니는 소 무릎의 뼈와 거기에 붙어 있는 고기를 일컫는 말로 무릎도가니라고도 한다.

# 도가니탕

## 사골육수와 삼겹살을 같이 맛볼 수 있는 요리

### 요리 만들기

1. 양파와 대파, 통마늘은 깨끗이 씻어 놓는다.
2. 냄비에 물, 통삼겹살, 양파, 대파, 통마늘, 된장을 넣고 약한 불에서 40분간 삶는다.
3. 냄비에 맑은갈색사골육수를 넣고 끓인 후 소금·후춧가루로 간을 한다.
4. 다른 냄비에 물을 끓여 소금을 약간 넣고 면을 삶은 후 얼음물에 넣어 전분기를 뺀다.
5. 통삼겹살은 얇게 썰어 준비한다.
6. 면을 그릇에 담고, 뜨겁게 데운 육수를 부은 후 썰어 둔 삼겹살, 김가루, 송송 썬 실파, 참기름을 올려 완성한다.

 재료

[4인분]
양파 1/2개
대파 1/2줄기
통마늘 5쪽
물 2.5L
통삼겹살 500g
된장 2큰술
맑은갈색사골육수 1L
소금·후춧가루 약간씩
중면 300g
김가루 약간
송송 썬 실파 약간
참기름 약간

> **MEMO**
> 맑은갈색사골육수는 고기는 물론 국수로 만든 요리와도 잘 어울린다. 이렇게 조합하여 만든 요리는 영양적 가치가 충분하여 한 끼 식사로도 손색이 없다.

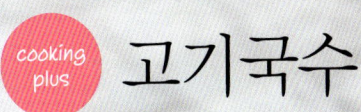# 고기국수

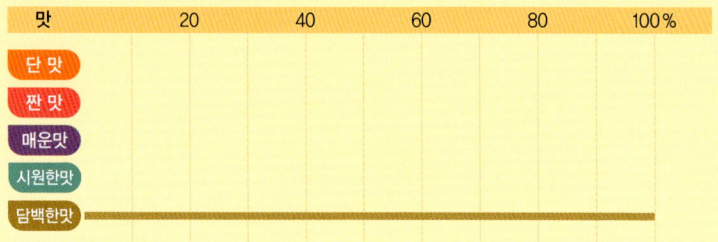

- 맛의 특징   서양 요리에 주로 사용되는, 투명한 갈색과 진한 향, 담백한 맛이 나는 육수
- 보관 기간   냉장 보관 5일, 냉동 보관 20일
- 어울리는 요리   서양 요리 소스(브라운소스, 데미글라스소스)

## 만드는 법

1. 사골은 찬물에 6시간 이상 담가 핏물을 뺀다.
2. 양파는 4등분하고, 당근은 8등분한다.
3. 핏물 뺀 사골은 160로 예열한 오븐에서 10분간 구워 갈색으로 만든다.
4. 양파와 당근도 오븐에 넣어 갈색이 나도록 굽는다.
5. 냄비에 모든 재료를 넣고 센 불에서 끓인다.
6. 끓으면 약한 불로 줄이고 떠오르는 거품과 기름기를 제거하며 3시간 동안 끓인다.
7. 고운체로 건더기를 걸러 내고 다시 30분간 약한 불로 끓인다.
8. 마지막으로 소창에 한 번 더 걸러 육수를 완성한다.

### 재료

사골 1kg
양파 1개
당근 1/2개
통마늘 4쪽
물 8L
월계수잎 2~3장
마른 로즈메리 1작은술
검은 통후추 20g

**MEMO**
사골은 위로 떠오르는 거품과 기름기를 제거하며 약한 불에서 끓인다.

## information

- **맛의 특징**  담백한 사태육수에 통마늘과 통후추를 넣어 약간 개운한 맛이 도는 육수

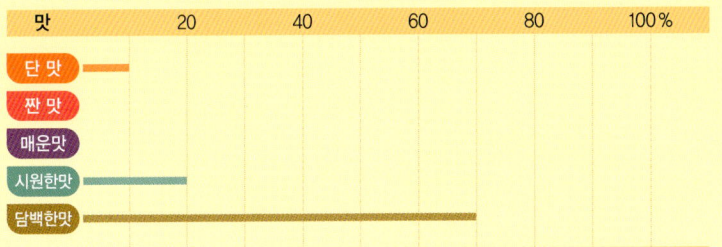

- **보관 기간**  냉장 보관 2일, 냉동 보관 15일
- **어울리는 요리**  국, 탕, 전골 등

## 만드는 법

1. 아롱사태는 찬물에 2시간 정도 담가 핏물을 뺀다.
2. 아롱사태는 4등분하고, 양파와 대파는 반으로 썬다.
3. [1차 삶기] 냄비에 물 3L를 붓고 끓여 아롱사태를 넣고 5분간 중간 불에서 삶은 후 물은 버리고 사태만 건져 낸다.
4. [2차 삶기] 냄비에 물 5L와 삶은 사태, 나머지 모든 재료를 넣고 끓으면 떠오르는 거품과 기름을 제거하면서 중간 불로 2시간 삶는다.
5. 시간이 되면 고기는 건져 내고, 남은 건더기를 체에 걸러 낸 후 소창에 다시 한 번 걸러 육수를 완성한다.

 재료

아롱사태 1kg
양파 1/2개
대파 1줄기
물 8L
통마늘 4쪽
흰 통후추 5알
월계수잎 2장

**MEMO**
사태는 특유의 잡냄새가 나므로 끓는 물에 한번 데쳐서 헹구어 내는 것이 좋다.

고기와 고기뼈 육수

# 양지머리육수

### information

- **맛의 특징** 담백하고 깔끔한 기본 육수

| 맛 | 20 | 40 | 60 | 80 | 100% |
|---|---|---|---|---|---|
| 단맛 | | | | | |
| 짠맛 | | | | | |
| 매운맛 | | | | | |
| 시원한맛 | | | | | |
| 담백한맛 | | | | | ■ |

- **보관 기간** 냉장 보관 3일, 냉동 보관 15일
- **어울리는 요리** 쇠고기를 이용한 소스 · 국 · 조림 · 전골 · 찌개류

## 만드는 법

1. 양지머리는 4등분하여 물에 2시간 정도 담근 후 여러 번 헹궈 핏물을 뺀다.
2. 양파 4등분, 대파 3등분, 통생강은 3등분한다.
3. 냄비에 모든 재료를 넣고 끓으면 거품을 걷어 내고 1시간가량 중간 불로 끓인다.
4. 시간이 되면 건더기를 체에 걸러 내어 육수를 완성한다.

재료

양지머리 1kg
양파 1개
대파 2줄기
통생강 1톨
통마늘 5쪽
검은 통후추 1큰술
월계수잎 3장
물 5L

**MEMO**
양지머리는 찢어서 반찬이나 국거리에 넣어 사용해도 좋고, 얇게 잘라 냉면 같은 면 요리에 사용해도 좋다.

# 육개장

## 담백한 육수에 매운 양념을 넣어 시원한 맛을 살린 요리

### 요리 만들기

1. **[양념장 만들기]** 대파와 양파를 곱게 다진 후 나머지 양념장 재료를 섞어서 24시간 숙성시킨다.
2. 미리 삶아서 찢어 둔 양지머리는 양념장 2큰술과 청주를 넣고 조물조물 버무린다.
3. 양파는 1cm 폭으로 채를 썰고, 대파는 손가락 두 마디 크기로 자르고, 고사리와 토란대는 5~6cm 길이로 자른다. 숙주와 느타리버섯은 살짝 데쳐서 물기를 빼 둔다.
4. 고사리와 토란대, 삶아 놓은 숙주와 느타리버섯에 양념장 2큰술을 넣고 조물조물 버무린다.
5. 냄비에 양지머리육수, 다진 마늘·생강, 양념한 고사리·토란대·숙주·느타리버섯, 양파를 넣고 끓인다.
6. 끓으면 약한 불로 줄이고 20분 이상 끓이다가 달걀을 풀어 넣은 후 양념한 양지머리와 대파를 넣고 한소끔 끓인다.
7. 소금과 후춧가루로 간을 하여 완성한다.

### 재료

[3~4인분]
삶아서 찢은 양지머리 400g
양념장 4큰술
청주 150mL
양파 1/2개
대파 3줄기
고사리 300g
토란대 200g
숙주 200g
느타리버섯 200g
양지머리육수 2L
다진 마늘 2큰술
다진 생강 1/2큰술
달걀 2개
소금·후춧가루 약간씩

[양념장]
대파 1줄기
양파 1/4개
다진 마늘 1/2큰술
간장 2큰술
고춧가루 3큰술
고추기름 2큰술
후춧가루 1/2작은술
소금 약간

**MEMO**
지금은 삼계탕을 주로 먹지만 옛날에 복날에 먹던 대표적인 보신 음식은 육개장이었다. 원래 보신 음식으로는 개고기를 넣은 개장국을 먹었는데 이를 먹지 못하는 사람을 위해 쇠고기를 넣어 만든 것이 육개장이다. 쇠고기 대신 닭고기를 넣을 경우에는 닭육개장 또는 닭개장이라고 한다.

# 물냉면

## 양지머리육수에 식초와 맛술을 더해 새콤달콤한 요리

### 요리 만들기

1. **[냉면 육수 만들기]** 양지머리육수에 육수 양념을 넣고 설탕이 녹을 때까지 섞은 후 냉장고에 넣어 둔다.
2. **[무절임 만들기]** 무를 얇게 썰어 소금 1큰술에 30분간 절인 후 찬물에 씻어 소금기를 없애고 물기를 뺀다. 볼에 나머지 무절임 양념을 넣고 설탕이 녹을 때까지 섞은 후 무를 넣고 절여 냉장고에 넣어 둔다.
3. 양파와 대파, 통마늘은 반으로 썰어 냄비에 물과 함께 넣고 끓으면 쇠고기(사태)를 넣고 10분간 삶은 후 고기가 익으면 꺼내서 물기를 제거하고 편으로 썬다.
4. 오이는 먹기 좋게 썬다.
5. 냄비에 물을 끓여 냉면을 삶은 후 얼음물에 넣어 식히고 2~3번 정도 헹구어 전분기를 제거한다.
6. 그릇에 면을 담고 무절임과 편육, 오이를 올린 후 만들어 둔 냉면 육수를 부어 낸다.

### 재료

**[2인분]**
- 양지머리육수 1L
- 무 100g
- 양파 1/4개
- 대파 1/4줄기
- 통마늘 2쪽
- 쇠고기(사태) 100g
- 오이 100g
- 냉면 80g

**[육수 양념]**
- 국간장 4큰술
- 식초 1큰술
- 맛술 1큰술
- 설탕 1큰술

**[무절임 양념]**
- 소금 1큰술
- 식초 4큰술
- 설탕 2큰술
- 맛술 1작은술
- 레몬즙 1큰술

> **MEMO**
> 요즘 냉면을 먹는 사람들은 면의 쫄깃함과 육수의 맛에 의존하지 않고 맛도 안 본 채 식초와 겨자를 으레 넣는 경우가 많다. 정통으로 하는 냉면집에서만큼은 원래의 담백한 맛대로 가위질을 하지 않고 먹는 것을 강력 추천한다.

# 버섯전골

## 버섯과 육수의 각각 다른 담백함이 잘 어우러진 요리

### 요리 만들기

1. **[양념장 만들기]** 불고기 양념장 재료를 분량대로 믹서에 넣고 갈아 불고기 양념장을 만든다.
2. 쇠고기는 물에 담가 핏물을 빼고 적당한 크기로 썰어 불고기 양념장에 재워 둔다.
3. 양파와 대파는 길게 채 썰고, 주키니는 반달 모양으로 썰고, 홍고추는 어슷하게 썬다.
4. 표고버섯과 새송이버섯은 길게 저며 썰고, 느타리버섯과 팽이버섯은 다듬어 먹기 좋게 뜯는다. 두부는 7등분한다.
5. 준비한 채소와 버섯을 전골냄비에 예쁘게 담고, 양념한 불고기를 가운데 담는다.
6. 다른 냄비에 양지머리육수를 끓여 소금과 후춧가루로 간을 한 후 **5**의 전골냄비에 붓고 끓이다가 두부를 넣어 마무리한다.

 **재료**

[2인분]
쇠고기 200g
양파 1/2개
대파 1/2줄기
주키니 1/5개
홍고추 1개
표고버섯 4개
새송이버섯 100g
느타리버섯 100g
팽이버섯 1봉지
두부 1/2모
양지머리육수 700mL
소금·후춧가루 약간씩

[불고기 양념장]
양파 1/4개
배 1/4개
진간장 100mL
물 400mL
설탕 100g
참기름 1큰술

---

**MEMO**

버섯과 채소는 종류에 제한 없이 다양하게 사용할 수 있으며, 전골에 사용되는 고기의 불고기 양념장은 간장이 아닌 된장 또는 고추장으로 만들어도 잘 어울린다.

고기와
고기뼈
육수

# 쇠고기육수

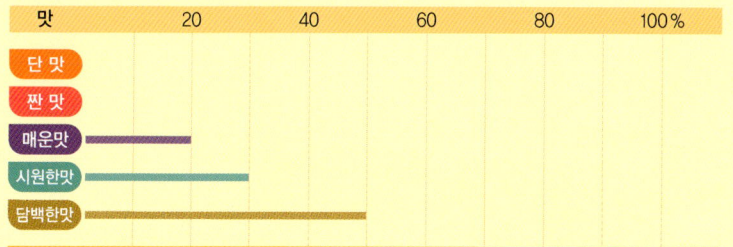

- 맛의 특징  기름기가 없어 담백한 육수에 부재료의 맵고 시원한 맛이 잘 어우러진 육수
- 보관 기간  냉장 보관 2일, 냉동 보관 15일
- 어울리는 요리  국, 탕, 전골 등

## 만드는 법

1. 쇠고기는 반으로 잘라 찬물에 6시간 정도 담가 핏물을 뺀다.
2. 무와 양파는 4등분하고, 통생강은 3~4등분한다.
3. 마른 다시마는 젖은 수건으로 겉을 닦아 놓는다.
4. 냄비에 물과 쇠고기를 넣고 끓인다.
5. 끓으면 약한 불로 줄이고 거품을 걷어 낸 후 나머지 모든 재료를 넣고 한 번 더 끓인다.
6. 10분 후에 다시마를 건져 낸다.
7. 2시간이 지나면 고기는 건져 내고, 남은 건더기를 체에 걸러 내어 육수를 완성한다.
8. 건져 둔 고기는 잘게 찢어 뒀다가 육개장 등 다른 요리를 만들 때 활용한다.

 재료

쇠고기 1kg
무 1/2개
양파 1개
통생강 1톨
마른 다시마 1장
물 5L
통마늘 5쪽
대파 3줄기
월계수잎 3장
청양고추 3개
검은 통후추 1큰술
청주 500mL

**MEMO**
육류를 굽거나 삶아서 만드는 육수는 순서상 육류를 먼저 익힌 후 채소를 넣어야 잡냄새를 없애는 데 탁월한 효과를 볼 수 있다.

# 비프콩소메
beef consommé

## 허브로 향을 내고 쇠고기의 담백한 맛을 살린 수프

### 요리 만들기

1. 셀러리와 양파, 당근은 5mm 크기로 다지고, 토마토도 껍질을 벗겨 씨를 제거하고 다진다.
2. 달걀은 흰자를 분리하여 잘 저어 거품을 낸다.
3. 잘게 다진 셀러리·양파·당근과 쇠고기 간 것을 큰 볼에 넣고 잘 치댄 후 거품 낸 달걀흰자를 넣고 살살 버무린다.
4. 냄비에 쇠고기육수, 버무려 놓은 3의 재료, 다진 토마토, 월계수잎, 검은 통후추, 타임을 넣고 냄비 밑바닥에 눌어붙지 않도록 약한 불에서 3시간을 끓인다.
5. 끓이는 중에 고형물이 올라오면 가운데에 구멍을 내서 거품과 기름을 제거한다.
6. 시간이 되어 국물의 색과 농도가 짙어지면 불순물이 헤쳐지는 것을 조심해서 2중 소창에 거르고 소금으로 간을 맞춘다.

**재료**

[2~3인분]
셀러리 100g
양파 100g
당근 100g
토마토 1/2개
달걀 3개
쇠고기 간 것 500g
쇠고기육수 2L
월계수잎 2장
검은 통후추 5알
타임(허브) 1작은술
소금 약간

### MEMO

**콩소메(consommé)**
콩소메란 육류와 채소 삶은 물을 걸러 낸 맑은 수프를 말한다.

# 쇠고기탕

## 육수의 담백한 맛과 부재료의 시원한 맛이 어울리는 요리

### 요리 만들기

1. 숙주는 깨끗하게 씻어 다듬어 둔다.
2. 양파는 채 썰고, 실파는 잘게 썬다.
3. 청경채와 마른 홍고추는 반으로 자르고, 배춧잎은 4등분한다.
4. 쇠고기는 얇게 편으로 썬다.
5. 냄비에 식용유를 두르고 다진 마늘과 쇠고기를 넣어 볶다가 양파와 마른 홍고추를 넣고 다시 한 번 볶은 후 쇠고기육수, 숙주, 실파, 청경채, 배춧잎을 넣고 떠오르는 거품을 제거하면서 10분간 끓인다.
6. 마지막으로 소금과 후춧가루로 간을 하고 그릇에 담아 완성한다.

**재료**

[1인분]
숙주 50g
양파 1/4개
실파 약간
청경채 1/2포기
마른 홍고추 2개
배춧잎 1장
쇠고기 100g
식용유 3큰술
다진 마늘 1큰술
**쇠고기육수 600mL**
소금 · 후춧가루 약간씩

**MEMO**
재료를 볶아 육수를 넣고 끓이며 떠오르는 거품을 잘 제거하여야 완성된 요리의 육수가 맑게 나온다.

## 쇠고기죽

## 쇠고기를 갈아 넣어 목 넘김이 부드러운 담백한 죽 요리

### 요리 만들기

1. 쌀은 하루 전에 물에 불려 물기를 빼 둔다.
2. 당근, 감자, 주키니, 양파, 표고버섯, 실파는 0.5cm 크기로 잘게 썬다.
3. 냄비에 식용유를 두르고 달궈 다진 마늘과 당근, 감자를 먼저 넣고 볶다가 주키니, 양파, 표고버섯, 쇠고기 간 것을 넣고 볶아 반만 익혀서 꺼낸다.
4. 다시 냄비에 식용유를 두른 후 불려 놓은 쌀을 넣어 투명해질 때까지 볶는다.
5. 4에 쇠고기육수를 넣고 저어 가며 약한 불에서 끓이다가 국물이 없어질 때쯤 3에서 볶아 놓은 재료를 넣고 약한 불에서 끓인다.
6. 쌀과 채소가 익으면 소금과 후춧가루로 간을 한 후 참기름을 넣고 실파를 뿌려 마무리한다.

 재료

[1인분]
쌀 70g
당근 1/5개
감자 1/2개
주키니 1/5개
양파 1/4개
표고버섯 2개
실파 약간
식용유 2큰술
다진 마늘 1작은술
쇠고기 간 것 100g
쇠고기육수 700mL
소금 · 후춧가루 · 참기름 약간씩

**MEMO**
쌀을 충분히 불릴 시간이 없다면 소량의 물과 쌀을 섞어 같이 믹서에 갈아서 사용한다.

고기와 고기뼈 육수

# 쇠고기 · 뼈 육수

### information

- **맛의 특징**  팔각 등 향이 강한 향신료를 사용하여 육류 특유의 잡냄새를 제거한 육수

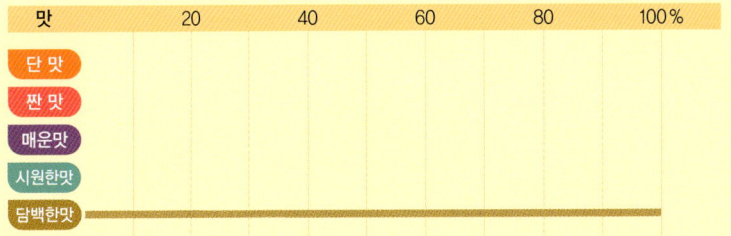

- **보관 기간**  냉장 보관 2일, 냉동 보관 15일
- **어울리는 요리**  쇠고기와 어울리는 전골 · 탕

### 만드는 법

1. 쇠고기(사태), 사골, 소 잡뼈는 6시간 정도 찬물에 담가 핏물을 빼고 끓는 물에 데쳐 낸다.
2. 양파, 대파, 통생강은 4등분한다.
3. 냄비에 모든 재료를 넣고 센 불로 끓이다가 끓어오르면 약한 불로 줄여 국물 양이 1/2이 될 때까지 졸인다.
4. 건더기를 체에 걸러 내어 육수를 완성한다.

### 재료

쇠고기(사태) 500g
사골 500g
소 잡뼈 500g
양파 2개
대파 2줄기
통생강 2톨
물 5L
통마늘 10쪽
검은 통후추 1작은술
팔각 2개

**MEMO**

육수를 얻고 남은 사태는 잘게 찢어서 또는 얇게 썰어서 국, 탕, 찌개류에 사용하면 된다.

 # 쇠고기얼갈이해장국

## 얼갈이의 시원한 맛과 얼큰한 국물 맛이 잘 어울리는 요리

### 요리 만들기

1. 콩나물과 얼갈이는 깨끗이 씻은 후 얼갈이는 데쳐서 준비한다.
2. 양파는 1cm 폭으로 채를 썰고, 대파는 어슷하게 썰어 준비한다.
3. 육수에 삶은 쇠고기는 결대로 얇게 찢거나 칼로 채 친다.
4. 대파와 국간장, 소금·후춧가루를 뺀 나머지 모든 재료를 냄비에 넣고 끓인다.
5. 중간 불로 줄여 콩나물과 얼갈이가 부드러워지면 국간장과 소금·후춧가루로 간을 한 후 그릇에 담아 대파를 얹어 완성한다.

재료

[2~3인분]
콩나물 100g
얼갈이 400g
양파 1개
대파 1줄기
육수 삶고 남은 쇠고기 200g
쇠고기·뼈육수 1.2L
된장 1큰술
고춧가루 1/2큰술
다진 생강 1/2작은술
다진 마늘 1큰술
국간장 2큰술
소금·후춧가루 조금씩

MEMO
된장과 고춧가루의 사용량을 조금 줄이고 고추장을 넣어 요리의 칼칼한 맛을 높일 수 있다.

## 말이 필요 없는 담백함과 구수한 맛이 일품인 요리

### 요리 만들기

1. 배추김치는 손가락 한 마디 크기로 자르고, 홍고추와 청양고추, 대파는 어슷하게 썰고, 두부는 먹기 좋은 크기로 자른다. 팽이버섯은 밑동을 자르고 먹기 좋게 뜯어 놓는다.
2. 냄비에 쇠고기·뼈육수를 넣고 청국장을 푼 후 잘게 다진 쇠고기와 김치, 다진 마늘, 후춧가루를 넣고 끓인다.
3. 끓으면 약한 불로 줄여 10분가량 끓이다가 청양고추와 두부를 넣고 5분간 더 끓인다.
4. 기호에 따라 소금으로 간을 한 후 홍고추와 대파, 팽이버섯을 넣고 살짝 익혀 완성한다.

 재료

[2인분]
배추김치 100g
홍고추 1개
청양고추 2개
대파 1/2줄기
두부 1/4모
팽이버섯 1/2개
쇠고기·뼈육수 500mL
청국장 100g
잘게 다진 쇠고기 100g
다진 마늘 1/2큰술
후춧가루·소금 약간씩

---

MEMO

**청국장**
청국장은 콩을 발효시켜 만든 음식으로 섬유질을 비롯하여 과학적으로 증명된 우리 몸에 좋은 성분이 많이 함유되어 있으며, 질병 치료와 예방에 아주 좋은 식품이다. 항암 성분이 많이 함유되어 있고, 변비 예방 및 치료에 좋다. 혈압을 낮춰 주며, 혈전을 용해해 주는 성분이 많아 혈관 질환 치료 및 예방에 좋을 뿐 아니라 치매 예방과 숙취 해소에도 도움이 된다. 염분 함유량이 높으므로 조리 시에는 먼저 간을 확인한 후 소금을 넣는다.

고기와
고기뼈
육수

# 돼지고기육수

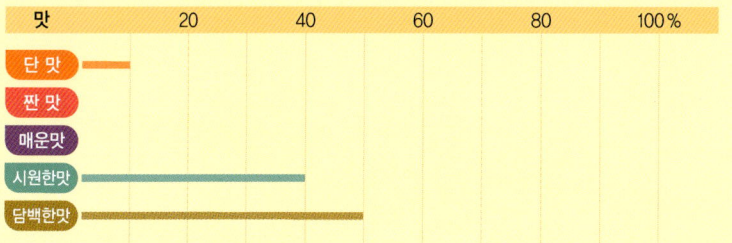

- 맛의 특징  느끼할 수 있는 육수에 다시마와 배추를 넣어 시원함과 담백함을 살린 육수
- 보관 기간  냉장 보관 2일, 냉동 보관 15일
- 어울리는 요리  된장국, 찌개, 탕, 전골 등

## 만드는 법

1. 삼겹살은 4등분한 후 차가운 물에 3시간 정도 담가 핏물을 뺀다.
2. 양파는 4등분, 통생강과 대파는 3등분, 통마늘은 2등분한다.
3. 마른 다시마는 젖은 수건으로 겉을 닦아 놓는다.
4. 냄비에 모든 재료를 넣고 센 불로 끓인다.
5. 끓으면 약한 불로 줄이고 10분 후에 다시마를 건져 낸다.
6. 거품을 걷어 내며 약 1시간 30분 정도 끓인 후 삼겹살은 건져 내 다른 요리를 할 때 사용하고, 나머지 건더기를 체에 걸러 내어 육수를 완성한다.

재료

| | |
|---|---|
| 삼겹살 | 500g |
| 양파 | 1개 |
| 통생강 | 1/2톨 |
| 대파 | 1줄기 |
| 통마늘 | 3쪽 |
| 마른 다시마(손바닥 크기) | 1장 |
| 물 | 4L |
| 배추 | 100g |
| 월계수잎 | 3장 |
| 검은 통후추 | 10g |

**MEMO**
건져 낸 삼겹살은 수육 요리로 사용하여도 무방하다.

# 비지찌개

## 비지와 돼지고기육수로 만들어 구수하고 담백한 요리

### 요리 만들기

1. 양파는 1cm 폭으로 채를 썰고, 대파는 어슷하게 썬다.
2. 신배추김치는 고춧가루 양념을 물에 헹궈 손으로 꼭 짜서 물기를 제거한 후 잘게 썰고, 돼지고기도 잘게 썬다.
3. 냄비에 식용유를 두르고 돼지고기와 다진 마늘을 넣고 볶다가 김치를 넣고 볶는다.
4. 3에 돼지고기육수와 청주, 채 썬 양파를 넣고 익히다가 끓어오르면 약한 불로 줄인 후 비지를 넣고 10분간 끓인다.
5. 끓으면 새우젓과 후춧가루로 간을 하고 대파와 참기름을 넣어 완성한다.

재료

[2인분]
양파 1/2개
대파 1/4줄기
신배추김치 100g
돼지고기 200g
식용유 2큰술
다진 마늘 1작은술
돼지고기육수 500mL
청주 2큰술
비지 300g
새우젓·후춧가루 약간씩
참기름 1/2큰술

---

**MEMO**

**비지**
콩을 불려서 맷돌에 갈아 물을 더하여 베주머니에 걸러 짜면 콩물과 콩 찌꺼기인 비지가 나온다. 비지에는 식이섬유가 많이 함유되어 있고, 단백질과 지방 성분도 있지만 함유량이 많지 않기에 비지를 이용하여 요리를 할 때는 고기나 김치, 채소 등을 넣어 영양 밸런스를 맞춘다.

## cooking plus 김치찌개

## 육수의 담백한 맛과 김치의 감칠맛이 잘 어울리는 요리

### 요리 만들기

1. 돼지고기와 신배추김치, 두부는 한입 크기로 적당하게 썬다.
2. 양파는 1cm 폭으로 채를 썰고, 대파와 청양고추는 어슷하게 썬다.
3. 냄비에 식용유를 두르고 돼지고기와 다진 마늘을 넣어 볶다가 청주를 넣고 잡냄새를 없앤다.
4. 3에 김치를 넣고 충분히 볶다가 돼지고기 육수를 넣고 끓인다.
5. 고기와 김치가 어느 정도 익으면 양파와 김칫국물, 고춧가루를 넣고 푹 익힌다.
6. 국물이 우러나면 두부와 대파, 청양고추를 넣고 소금과 후춧가루로 간을 맞춘 후 살짝 끓여 완성한다.

 재료

[2인분]
돼지고기 200g
신배추김치 300g
두부 1/4모
양파 1/2개
대파 1/2줄기
청양고추 1개
식용유 2큰술
다진 마늘 1큰술
청주 30mL
돼지고기육수 500mL
김칫국물 100mL
고춧가루 1큰술
소금·후춧가루 약간씩

> **MEMO**
> 모든 재료를 한 번에 같이 넣고 푹 끓여도 무방하나 먼저 돼지고기를 식용유에 볶으면 지방이 나와서 김치를 볶을 때 돼지 지방 향기가 배어 향과 맛이 더욱 상승한다.

## information

- **맛의 특징**  향이 강한 향신료를 사용해 돼지 특유의 누린내를 없애고 담백한 맛을 살린 육수

| 맛 | 20 | 40 | 60 | 80 | 100 % |

- 단 맛
- 짠 맛
- 매운맛
- 구수한맛
- 담백한맛

- **보관 기간**  냉장 보관 2일, 냉동 보관 15일
- **어울리는 요리**  국, 탕, 전골 등

## 만드는 법

1. 돼지등뼈는 찬물에 4시간 담가 3~4번 물을 갈아가며 핏물을 뺀다.
2. 양파와 대파, 통생강, 통마늘은 듬성듬성 썬다.
3. 냄비에 돼지등뼈를 넣고 뼈가 잠길 만큼의 물을 부어 익히다가 끓어오르면 약한 불로 줄여 20분 정도 끓인 후 물만 따라 버린다.
4. 3의 냄비에 물 4L와 나머지 모든 재료를 넣고 익히다가 끓어오르면 약한 불로 줄이고 불순물을 건져 내면서 6시간 동안 끓인다.
5. 시간이 되면 돼지등뼈는 건져 내고, 남은 건더기를 체에 걸러 내어 육수를 완성한다.
6. 건져 낸 돼지등뼈는 요리 시에 넣어 끓여서 사용한다.

### 재료

- 돼지등뼈 1kg
- 양파 2개
- 대파 2줄기
- 통생강 3톨
- 통마늘 10쪽
- 물 4L
- 월계수잎 5장
- 검은 통후추 1큰술
- 정향 3알
- 청주 300mL

**MEMO**
대파 뿌리는 육수를 시원하게 해 주는 역할을 하므로 깨끗이 씻어서 같이 넣으면 좋다.

cooking plus

# 감자탕

## 얼갈이배추와 버섯을 넣어 담백하고 시원한 요리

### 요리 만들기

1. 돼지등뼈는 물에 3시간 담가 핏물을 뺀다.
2. 감자와 통생강은 껍질을 벗겨 반으로 썰고, 대파는 한 줄기는 2등분하고 한 줄기는 어슷하게 썬다.
3. 얼갈이배추는 물에 3번 씻어서 끓는 물에 데쳐 물기를 빼놓고, 팽이버섯은 밑동을 자르고 먹기 좋게 뜯는다.
4. [1차 삶기] 냄비에 돼지등뼈를 넣고 뼈가 잠길 정도의 물을 부어 5분간 삶은 후 뼈만 건져 놓는다.
5. [2차 삶기] 냄비에 삶은 돼지등뼈와 2등분한 대파, 생강, 통마늘, 검은 통후추, 돼지뼈육수를 넣고 1시간 삶는다.
6. 시간이 되면 뼈를 제외한 나머지 건더기는 체로 걸러 내고, 국물에 감자와 데친 얼갈이배추, 된장, 고춧가루, 국간장, 다진 마늘을 넣고 30분 정도 끓인다.
7. 6에 팽이버섯과 어슷하게 썬 대파를 넣고 살짝 익힌 후 마무리한다.

**재료**

[3인분]
돼지등뼈 1kg
감자 2개
통생강 30g
대파 2줄기
얼갈이배추 500g
팽이버섯 1봉지
통마늘 3쪽
검은 통후추 약간
돼지뼈육수 2L
된장 2큰술
고춧가루 2큰술
국간장 2큰술
다진 마늘 300g

**MEMO**
감자탕을 만들 때, 기호에 따라 들깨가루와 깻잎을 첨가할 수도 있다.

cooking plus

# 미트소스스파게티

meat sauce spaghetti

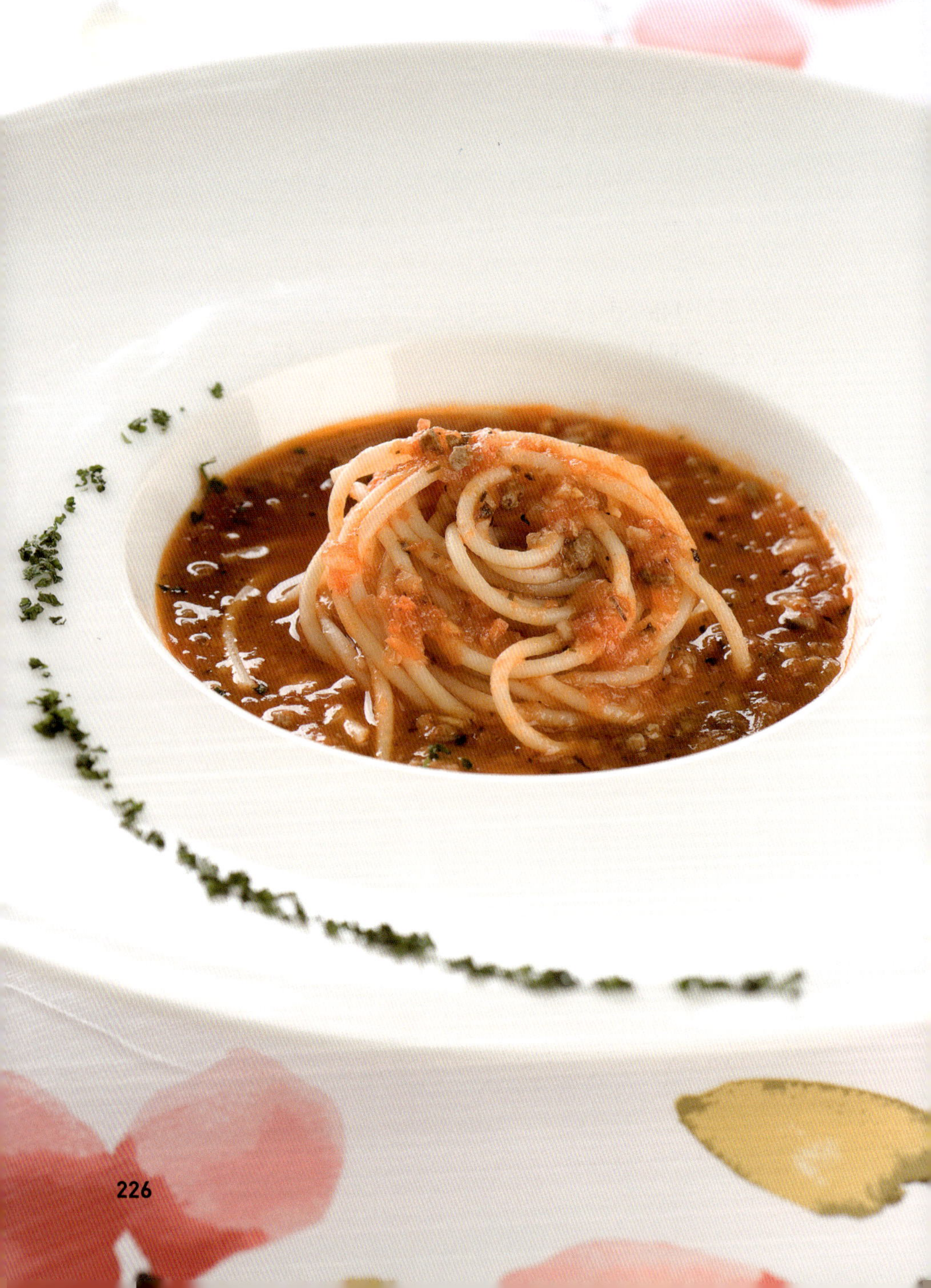

# 쇠고기의 부드러운 식감과 담백한 맛이 좋은 요리

## 요리 만들기

1. 양파는 채 썰고, 청·홍피망은 씨를 제거한 후 채 썰고, 통마늘은 곱게 다진다.
2. 토마토는 끓는 물에 10초간 데쳐 얼음물에 담가 식힌 후 껍질을 벗겨 씨를 제거하고 주사위 모양으로 썬다.
3. 팬에 올리브유 1큰술을 두르고 다진 마늘을 중간 불에서 갈색이 나도록 볶는다.
4. 3에 양파와 청·홍피망을 넣고 센 불에서 볶다가 데친 토마토를 넣고 1~2분간 더 볶은 후 돼지뼈육수와 미트소스를 넣고 중간 불에서 3분간 끓여 소스를 만든다.
5. 4의 소스에 삶은 스파게티면을 넣고 섞은 후 소금으로 간을 한다.
6. 불을 끄고 올리브유 1큰술을 넣어 완성한다.

**재료**

[1인분]
양파 1/4개
청·홍피망 1/4개씩
통마늘 1쪽
토마토 1/4개
올리브유 2큰술
돼지뼈육수 50mL
미트소스 200mL
(282쪽 참고)
5분 삶은 스파게티면 150g
소금 1작은술

**MEMO**
완성된 스파게티 위에 모차렐라 치즈를 올려 오븐에 접시째 넣어 익히면 치즈가 녹아 더 맛있는 치즈오븐스파게티가 된다.

# 닭육수(첫 번째)

고기와 고기뼈 육수

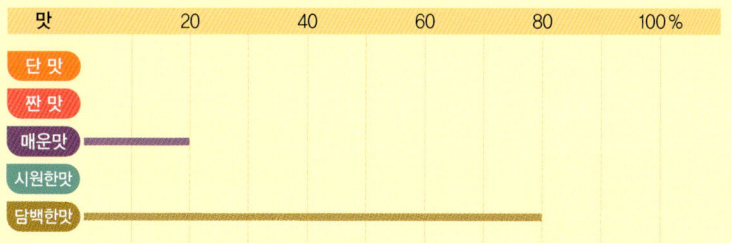

## 만드는 법

1. 닭과 닭뼈는 끓는 물에 데쳐서 찬물에 헹궈 둔다.
2. 양파는 4등분, 청양고추는 길게 2등분, 대파는 3등분한다.
3. 냄비에 모든 재료를 넣고 끓으면 약한 불로 줄여 1시간 끓인다.
4. 시간이 되면 불을 끄고 건더기를 체에 걸러 내어 육수를 완성한다.

닭 1/2마리
닭뼈 100g
양파 1개
청양고추 5개
대파 2줄기
물 4L
콩나물 100g
통마늘 10쪽
검은 통후추 10알

**MEMO**

센 불로 익히다가 물이 끓기 시작하면 약한 불로 조절한 후 은근하게 끓여 주고, 육수 위에 뜨는 거품과 기름기를 중간중간에 잘 제거해야 완성된 육수가 투명하고 향이 좋다.

## 닭칼국수
*cooking plus*

## 칼국수와 닭다리살의 담백함이 잘 어울리는 요리

### 요리 만들기

1. 당근과 애호박, 김은 4cm 길이로 채 썰고, 대파는 반으로 잘라서 절반은 길게 2등분하고 나머지는 얇게 어슷썰기해 둔다.
2. 팬에 식용유를 두르고 당근과 애호박을 각각 따로 볶으며 소금과 후춧가루로 간을 한다.
3. 냄비에 닭육수(첫 번째)와 닭다리살, 길게 2등분한 대파를 넣고 끓이다가 떠오르는 거품을 제거하면서 중간 불로 20분간 끓여 닭다리살을 삶는다.
4. 불을 끄고 닭다리살은 건져서 잘게 찢고, 국물은 나머지 건더기를 체로 거르고 다시 냄비에 부어 소금과 후춧가루로 간을 한 후 칼국수면을 넣고 삶는다.
5. 그릇에 칼국수면과 국물을 담고, 그 위에 볶은 당근과 애호박, 찢어 놓은 닭다리살을 예쁘게 넣은 후 어슷썰기한 대파와 김채를 올려 마무리한다.

[2~3인분]
당근 100g
애호박 50g
김 1/2장
대파 1/2줄기
식용유 2큰술
소금 · 후춧가루 약간씩
**닭육수(첫 번째) 1.5L**
닭다리순살 300g
칼국수면 80g

---

**MEMO**

기호에 따라 닭칼국수에 들깨를 첨가하여도 좋다. 들깨에는 콜레스테롤을 감소시켜 주는 불포화 지방산인 리놀렌산(linolenic acid)이 많이 함유되어 있어 동맥경화 등 심혈관 질환이나 치매 예방에 효과적이며 두뇌 발달에도 도움을 준다. 또한 황산화 작용을 하는 감마 토코페롤(gamma tocopherol) 성분이 풍부하여 피부 노화를 방지하는 데도 좋다.

# 버섯수프

## 버섯의 진한 향과 크림의 부드러운 맛이 잘 어울리는 요리

### 요리 만들기

1. 대파와 양파, 양송이는 썰어서 준비한다.
2. 감자는 씻어서 껍질을 까고 썬 후에 갈변 방지를 위해 물에 담가 놓는다.
3. 팬에 버터를 넣고 중간 불에서 대파가 흐물흐물해지도록 볶는다.
4. 3에 양파를 넣고 투명하게 볶아지면 양송이를 넣고 볶다가 감자를 넣고 2분간 볶는다.
5. 4에 닭육수(첫 번째)를 붓고 중간 불로 끓여 1/4가량을 졸인다.
6. 5에 생크림을 넣고 중간 불로 끓여 1/4가량을 졸인다.
7. 수프가 졸아들면 불을 끄고 믹서에 담아 곱게 간 후 고운체에 걸러 내고 소금·후춧가루로 간을 하여 완성한다.

 재료

[2~3인분]
대파(흰 부분) 2줄기
양파 1개
양송이 200g
감자 1/2개
버터 3큰술
**닭육수(첫 번째) 300mL**
생크림 500mL
소금·후춧가루 조금씩

---

MEMO

버섯수프에 가장 많이 사용하는 버섯은 양송이지만 그 외에도 표고버섯, 포르치니버섯, 그물버섯, 트러플(송로버섯)을 넣어서 수프를 만들어도 좋다.

고기와
고기뼈
육수

# 닭육수(두 번째)

## information

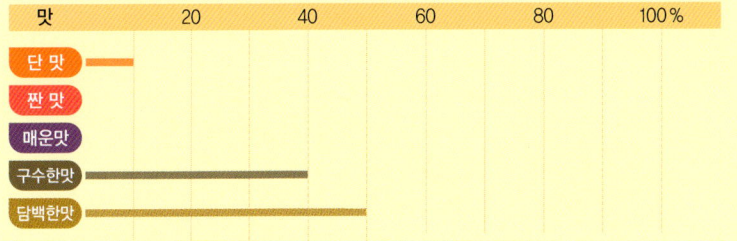

- 맛의 특징  닭살과 뼈를 같이 사용해 담백하고 구수한 육수
- 보관 기간  냉장 보관 2일, 냉동 보관 15일
- 어울리는 요리  된장국, 찌개, 탕, 전골 등

## 만드는 법

1. 닭은 4등분하여 몸에 있는 기름을 제거하고 깨끗이 씻어 둔다.
2. 양파와 당근, 셀러리, 청양고추는 반으로 썬다.
3. 마른 다시마는 젖은 수건으로 겉을 닦는다.
4. [1차 삶기] 냄비에 닭을 넣고 닭이 잠길 정도의 물을 부어 끓으면 5분간 삶은 후 물은 버리고 닭만 건져 둔다.
5. [2차 삶기] 냄비에 모든 재료를 넣고 끓인다.
6. 물이 끓으면 5분 후에 다시마를 건져 내고, 떠오르는 기름과 거품을 제거하며 2시간 끓인다.
7. 시간이 되면 건더기를 체에 걸러 낸 후 소창에 다시 한 번 걸러 육수를 완성한다.

### 재료
닭 1마리
양파 1개
당근 1개
셀러리 1줄기
청양고추 2개
마른 다시마 10g
물 3L
통마늘 3쪽
월계수잎 2장
검은 통후추 5알

**MEMO**

닭뼈만 가지고 만드는 육수와 통닭을 가지고 만드는 육수에는 맛에 차이가 있다. 통닭으로 육수를 내면 맛이 훨씬 더 담백하고 단맛을 느낄 수 있으나 닭뼈로만 육수를 내려면 조금 더 많은 양을 투입해야 하고, 잘못 끓이면 닭 비린내가 많이 난다. 그러므로 닭백숙 끓이듯 통닭을 넣어 만든 육수가 훨씬 맛있다.

cooking plus
# 쌀국수

## 담백한 육수에 레몬을 더해 상쾌한 맛을 내는 요리

### 요리 만들기

1. 쌀국수는 찬물에 담가 10분 정도 불린 후 체에 밭쳐 물기를 제거한다.
2. 양파는 얇게 채 썰고, 청·홍고추는 씨를 제거하고 얇게 어슷썬다.
3. 숙주는 깨끗하게 다듬고, 레몬은 반으로 잘라 반달 모양으로 썬다.
4. 냄비에 닭육수(두 번째)를 넣고 중간 불에 올려 끓기 시작하면 국간장과 소금, 흰 후춧가루를 넣고 간을 한 후 불린 쌀국수를 넣고 다시 끓인다.
5. 끓으면 불을 끄고 그릇에 쌀국수와 국물을 담은 후 양파와 청·홍고추, 숙주, 레몬을 올려 완성한다.

 재료

[1인분]
쌀국수 120g
양파 1/2개
청고추 1/2개
홍고추 1/3개
숙주 80g
레몬 1/2개
닭육수(두 번째) 200mL
국간장 1큰술
소금 1작은술
흰 후춧가루 1/3작은술

**MEMO**
- 고수를 고명으로 준비해도 좋고, 닭육수가 아닌 양지머리육수를 사용해도 맛 좋은 쌀국수를 만들 수 있다.
- 기호에 따라 시중에서 판매하는 스리라차소스와 호이신소스를 곁들여도 좋다.

 # 한방삼계탕

## 부드러운 닭고기에 진한 한방 향이 어우러진 요리

### 요리 만들기

1. 닭(영계)은 내장과 이물질을 제거한 후 깨끗이 씻어 끓는 물에 데친다.
2. 인삼은 흙을 깨끗이 씻어 준비한다.
3. 불린 찹쌀, 인삼, 밤, 은행, 대추, 통마늘을 닭 배 속에 채워 넣고 내용물이 빠지지 않도록 다리를 꼬아 묶는다.
4. 거즈에 한방 재료(황기, 더덕, 오갈피, 음나무)와 검은 통후추를 넣고 묶는다.
5. 속을 채운 닭과 4의 거즈 묶음을 냄비에 넣고 닭육수(두 번째)를 부어 익히다가 끓어오르면 약한 불로 줄여 1시간 반 정도 끓이고 거즈 묶음을 꺼낸다.
6. 대파를 잘게 썰어 소금, 후춧가루와 함께 삼계탕에 곁들인다.

 재료

[2인분]
닭(영계) 2마리
한방 재료(황기, 더덕, 오갈피, 음나무) 200g
검은 통후추 1작은술
닭육수(두 번째) 4L
대파 1줄기
소금 · 후춧가루 약간씩

[닭 속재료]
인삼 4뿌리
불린 찹쌀 200g
밤 깐 것 6톨
은행 깐 것 10알
대추 10알
통마늘 10쪽

> **MEMO**
> 한방 재료는 요즘 마트에서도 쉽게 찾아볼 수 있다. 삼계탕에 들어가는 한방 재료를 골고루 넣고 판매하는 제품도 있어서 쉽게 구할 수 있다.

## 닭볶음탕

cooking plus

## 매운 고추장과 닭고기의 부드러운 맛이 잘 어울리는 요리

### 요리 만들기

1. 닭은 먹기 좋게 한입 크기로 토막 낸 후 끓는 물에 1/3 정도를 삶아 핏물과 기름기를 제거한 후 찬물에 헹군다.
2. 분량의 양념장 재료를 잘 섞어 양념장을 만든 후 삶은 닭을 넣고 잘 비벼 골고루 묻히고 1시간 정도 재워 둔다.
3. 양파는 3~4cm 사각형으로 자르고, 당근과 감자는 엄지손가락 크기로 자르고, 청양고추는 5등분하고, 대파는 송송 썰고, 깻잎은 4등분한다.
4. 냄비에 닭육수(두 번째)와 양념한 닭, 당근, 감자, 청양고추, 통마늘, 청주를 넣고 끓으면 거품을 떠내고 약한 불로 줄인 후 양파를 넣고 끓인다.
5. 젓가락으로 감자를 찔러 봐서 거의 익었으면 소금으로 간을 하고, 대파와 깻잎을 넣고 살짝 끓인 후 통깨를 뿌려 완성한다.

### 재료

[2인분]
닭 1/2마리
양파 1개
당근 1/2개
감자 2개
청양고추 2개
대파 1줄기
깻잎 10장
닭육수(두 번째) 1L
통마늘 10쪽
청주 100mL
소금·통깨 약간씩

※ 기호에 따라 떡볶이 떡이나 라면을 추가한다.

[양념장]
다진 마늘 1/2큰술
고춧가루 2큰술
고추장 1큰술
간장 3큰술
물엿(또는 올리고당) 2큰술
후춧가루 1작은술
식용유 1큰술

**MEMO**

**닭볶음탕**
닭볶음탕은 흔히 닭도리탕이라고도 하는데, 국립국어원에서는 '닭도리탕'의 '도리'가 '새'를 의미하는 일본어 도리(とり)에서 온 것이라는 어문 연구자들의 연구 결과에 따라 이를 순화하여 우리말 '닭볶음탕'을 표준국어대사전에 등록하였다. 하지만 '도리'가 일본어인지, 우리말인지 그 어원이 불분명하여 '닭볶음탕'과 '닭도리탕'을 둘러싸고 여러 논쟁이 일고 있다.

# 버섯탕

### 버섯전골과 달리 버섯의 향과 맛이 더욱 진한 요리

**요리 만들기**

1. 양파와 표고버섯은 0.5cm 폭으로 채 썰고, 느타리버섯은 길게 찢고, 주키니는 0.2cm 두께로 길게 썬다.
2. 대파는 얇게 어슷썰고, 두부는 4등분한다.
3. 냄비에 식용유를 두르고 다진 마늘과 삶은 쇠고기를 넣어 볶아 주고, 여기에 닭육수(두 번째)와 1에서 준비한 채소와 버섯을 넣고 떠오르는 거품을 제거하면서 재료가 익을 때까지 끓인다.
4. 마지막으로 국간장과 소금, 후춧가루로 간을 한 후 대파와 두부를 넣고 살짝 끓여 완성한다.

 재료

[2인분]
양파 1/4개
표고버섯 2개
느타리버섯 200g
주키니 1/5개
대파 1/2줄기
두부 1/4모
식용유 2큰술
다진 마늘 1작은술
삶은 쇠고기 100g
**닭육수(두 번째) 500mL**
국간장 1큰술
소금 · 후춧가루 약간씩

---

**MEMO**

다른 버섯 요리와 마찬가지로 사용할 수 있는 버섯의 종류에 제한이 없다. 특히 향이 강한 표고버섯을 많이 사용하면 탕이 더욱 진하고 감칠맛이 높아진다.

고기와 고기뼈 육수

# 닭육수(세 번째)

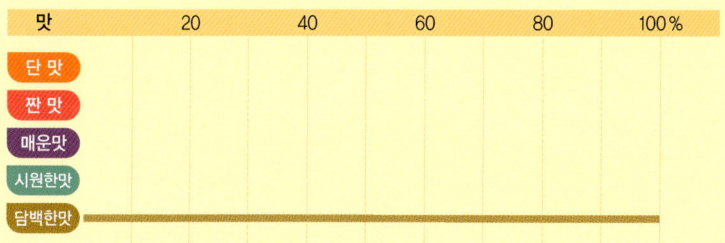

- 맛의 특징  진한 향과 맛이 좋으며, 허브 향이 은은해 서양 요리에 많이 사용하는 육수
- 보관 기간  냉장 보관 5일, 냉동 보관 20일
- 어울리는 요리  맑은 치킨수프, 데리야키소스 등

## 만드는 법

1. 닭뼈는 기름을 제거하고 깨끗이 씻어 둔다.
2. 양파와 당근, 셀러리, 대파는 4등분한다.
3. 닭뼈는 160℃로 예열한 오븐에서 10분간 구워 갈색으로 만든다.
4. 양파와 당근, 셀러리, 대파도 오븐에 넣어 갈색이 나도록 굽는다.
5. 냄비에 물과 구운 닭뼈를 넣고 센 불에서 끓인다.
6. 물이 끓기 시작하면 거품을 제거하고 중간 불로 줄인 후 구운 채소와 통마늘, 월계수잎, 로즈메리, 검은 통후추를 넣고 1시간 끓인다.
7. 시간이 되면 건더기를 체에 걸러 낸 후 소창에 다시 한 번 걸러 육수를 완성한다.

### 재료

닭뼈 1마리 분량
양파 1개
당근 1개
셀러리 1줄기
대파 1줄기
물 3L
통마늘 3쪽
월계수잎 2장
마른 로즈메리 3g
검은 통후추 5알

**MEMO**
- 닭뼈만으로 육수를 낼 때는 구워서 사용해야 비린내를 없앨 수 있다.
- 양식에서는 양파, 당근, 셀러리를 합해 미르포아(mirepoix)라고 하는데 이들은 육수에 기본이 되는 채소(향채)이다.

# 오리뼈육수

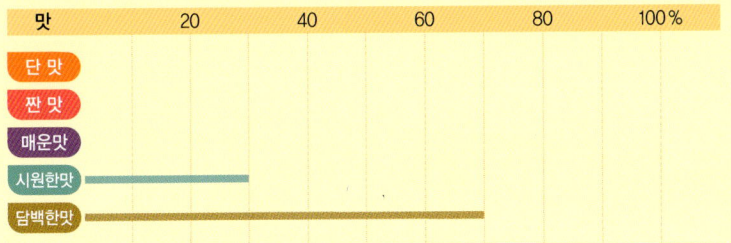

- 맛의 특징  다른 육류나 가금류와는 달리 담백한 맛과 시원한 맛이 나는 육수
- 보관 기간  냉장 보관 5일, 냉동 보관 20일
- 어울리는 요리  오리 요리, 육수, 소스

## 만드는 법

1. 오리뼈는 찬물에 1시간 정도 담가 핏물과 기름기를 빼고 깨끗이 씻어 둔다.
2. 양파와 대파는 3~4등분한다.
3. [1차 삶기] 냄비에 오리뼈를 넣고 오리뼈가 잠길 정도의 물을 부어 20분간(끓는 물에서 5분) 삶은 후 물은 버리고 뼈만 건져 둔다.
4. [2차 삶기] 삶아 놓은 오리뼈와 나머지 모든 재료를 냄비에 넣고 센 불에서 끓인다.
5. 끓으면 떠오르는 기름과 거품을 제거하고 중간 불로 줄인 후 50분간 끓인다.
6. 시간이 되면 건더기를 체에 걸러 내고 국물만 소창에 다시 걸러 육수를 완성한다.

### 재료

오리뼈 1마리 분량
양파 1/2개
대파(흰 부분) 1줄기
물 2L
통마늘 5쪽
통생강 1/5톨
검은 통후추 10알
월계수잎 1장

**MEMO**
오리뼈도 닭뼈와 마찬가지로 특유의 누린내가 난다. 따라서 오리뼈로 육수를 낼 때는 데쳐서 불순물을 제거하고, 생강과 후추, 마늘, 월계수잎, 요리용 술 등을 이용하여 누린내 및 비린내를 잡아내야 한다.

# 오리백숙

# 부드러운 육질과 담백한 맛이 일품인 요리

## 요리 만들기

1. 오리는 찬물에 1시간 이상 담가 핏물을 제거한다.
2. 찹쌀은 씻어서 1시간 불려 놓는다.
3. 인삼은 흙을 깨끗이 씻어 준비한다.
4. 냄비에 오리와 오리가 잠길 정도의 물을 부어 끓으면 오리를 바로 건져 내고 데친 물은 버린다.
5. 데친 오리와 불린 찹쌀, 인삼, 오리뼈육수, 통마늘, 통생강을 냄비에 넣고 센 불에서 끓인다.
6. 끓기 시작하면 떠오르는 기름과 거품을 제거하고 약한 불로 줄여 40분간 끓인 후 소금과 후춧가루로 간을 하여 완성한다.

재료

[2~3인분]
오리 1마리
찹쌀 100g
인삼 2뿌리
오리뼈육수 1L
통마늘 10쪽
통생강 1/5톨(5g)
소금 · 후춧가루 약간씩

---

**MEMO**

**오리**
다른 가금류와 달리 오리는 불포화 지방산의 비율이 높아 지방이 과다 축적되지 않아서 몸에 좋다고 알고 있는 경우가 많으나 실제로 오리에는 불포화 지방산(70%) 외에 포화 지방산(30%)도 함유되어 있으므로 적당히 섭취하는 것이 몸에 좋다.

# 육수 자체가 요리인 경우

황태해장국·재첩국·설렁탕·갈비탕

육수 자체가 요리인 경우

# 황태해장국

## 황태의 구수하고 시원하며 깔끔한 맛이 특징인 요리

### 만드는 법

1. 황태는 미리 물에 담가 불려 놓는다.
2. 양파는 채를 썰고, 대파와 홍고추는 어슷하게 썰어 준비한다.
3. 무는 한입 크기로 자르고, 팽이버섯은 다듬어서 먹기 좋게 뜯는다.
4. 콩나물은 물에 헹궈 준비하고, 달걀은 그릇에 풀어 놓는다.
5. 불려서 준비한 황태는 물기를 짜내고 머리를 자른 후 가시를 발라내고 한입 크기로 길게 자른다.
6. 냄비에 참기름을 두르고 다진 마늘과 황태 자른 것을 넣어 볶는다.
7. 황태가 단단해지면 물과 황태 머리, 양파, 홍고추, 무, 콩나물을 넣고 끓인다.
8. 무가 익으면 황태 머리를 건져 낸 후 달걀 푼 것을 넣어 휘휘 저어 푼다.
9. 국간장과 소금, 후춧가루를 넣고 간을 하여 국그릇에 담은 후 대파와 팽이버섯을 얹어 완성한다.

**재료**

[2인분]
황태 1마리
양파 1/2개
대파 1/2줄기
홍고추 2개
무 200g
팽이버섯 100g
콩나물 200g
달걀 1개
참기름 2큰술
다진 마늘 1큰술
물 1L
국간장 1큰술
소금·후춧가루 조금씩

---

**MEMO**

**황태**
황태는 단백질 함유량이 높으면서도 칼로리가 낮은 식품으로 간을 보호해 주는 메티오닌(methionine) 등의 아미노산이 풍부하여 숙취 해소에 효능이 있다.

육수 자체가 요리인 경우

# 재첩국

## 시원한 국물이 속을 확 풀어 주는 요리

### 만드는 법

1. 재첩은 물에 담가 해감한 후 여러 번 물에 헹궈 준비한다.
2. 청양고추와 홍고추는 어슷하게 썰고, 실파와 부추는 손가락 한 마디 크기로 썬다.
3. 냄비에 재첩과 청양고추, 홍고추, 물을 넣고 끓이다가 소금으로 간을 하고 실파와 부추를 얹어 낸다.

### 재료

[1인분]

재첩 200g
청양고추 2개
홍고추 1개
실파 3줄기
부추 100g
물 700mL
소금 약간

---

**MEMO**

**재첩국**

재첩국은 피로 회복에 좋으며 간 기능을 향상시켜 주어 숙취 해소용 해장국으로 많이 먹는다. 부산에서는 재칫국이라고 불리는데, 60·00년대 새벽에 시장 아주머니들이 새첩국을 담은 양동이를 머리에 이고 팔러 다니며 '새칫국 사이소'라고 하던 말이 유행이었을 정도로 유명했던 식품이다.

육수 자체가 요리인 경우

# 설렁탕

담백한 육수에 생강과 마늘을 넣어 시원한 맛을 더한 요리

## 만드는 법

1. [첫 번째 재료]
   ① 쇠머리 등 쇠고기 부속들은 찬물에 6시간 정도 담그고 도중에 3~4번 헹궈 핏물을 제거한다.
   ② 통생강과 대파는 3등분한다.
   ③ 큰 냄비에 정종을 뺀 나머지 모든 재료를 넣고 센 불로 끓인다.
   ④ 끓으면 중간 불로 줄여 1시간 끓이고, 다시 약한 불로 줄여 2시간 정도 끓이다가 정종을 넣고 30분 더 끓인 후 육수를 걸러 낸다.

2. [두 번째 재료]
   ① 양지머리는 2시간 동안 찬물에 담가 핏물을 뺀 후 물, 통마늘, 대파, 검은 후춧가루와 함께 냄비에 넣고 약한 불에서 끓인다.
   ② 2시간 정도 끓인 후 건더기를 걸러 내고 육수에 정종을 넣어 10분 더 끓인다.

3. 완성된 1과 2의 육수를 완전히 식힌 후 취향에 맞게 섞어서 사용한다.

### 재료

[7인분]

[첫 번째]
쇠머리 500g
쇠족 200g
사골 500g
무릎도가니 200g
쇠뼈 200g
사태 200g
통생강 1톨
대파(흰 부분) 2줄기
물 5L
양파 2개
통마늘 10쪽
정종 50mL

[두 번째]
양지머리 1kg
물 2L
통마늘 5쪽
대파 2줄기
검은 후춧가루 1/2큰술
정종 300mL

---

**MEMO**

**설렁탕**
설렁탕은 소의 여러 부위를 함께 푹 삶아서 만든 국으로 칼슘과 단백질 등 영양소가 풍부하여 몸 보신에 좋다.

육수 자체가 요리인 경우

# 갈비탕

## 담백한 육수에 감초, 생강을 넣어 매운맛을 더한 요리

### 만드는 법

1. 쇠갈비는 7cm 두께로 자르고, 쇠고기(양지머리)는 손바닥 1/2 크기로 자른 후 2시간 정도 찬물에 담가 핏물을 제거한다.
2. 양파와 무, 대파, 통생강은 4등분하고, 표고버섯과 인삼은 깨끗이 씻는다.
3. 냄비에 모든 재료를 넣고 끓으면 약한 불에서 3시간 정도 끓인다.
4. 갈비와 고기는 건져 내 식히고, 나머지 건더기를 체에 걸러 내 육수를 완성한다.
5. 건져 낸 갈비는 다시 육수에 넣어 갈비탕을 완성하고, 고기는 장조림이나 다른 탕용 재료로 사용한다.

**재료**

[5인분]

쇠갈비 1kg
쇠고기(양지머리) 1kg
양파 2개
무 1/3개
대파 3줄기
통생강 1톨
표고버섯 5개
인삼 3뿌리
물 5L
통마늘 10쪽
감초 50g

---

**MEMO**
- 기호에 따라 갈비탕에 당면이나 국수를 넣어도 좋다
- 쇠갈비는 오래 끓여야 부드러워지는 식재료이므로 흐물흐물해질 때까지 오래 끓이는 것이 좋다.

# 육수로 만드는 소스

장어데리야키소스 · 홍파프리카소스 · 아메리칸소스 · 데미글라스소스 · 적포도주소스 · 비가
라드소스 · 샤쇠르소스 · 탕수육소스 · 치킨데리야키소스 · 타이바비큐소스 · 미트소스

## 육수로 만드는 소스

# 장어데리야키소스
eel teriyaki sauce

- **맛의 특징**  간장의 짠맛과 장어뼈의 맛이 은근하게 어울리는 소스
- **보관 기간**  냉장 보관 15일, 냉동 보관 1개월
- **어울리는 요리**  생선구이, 장어구이, 초밥 등

## 만드는 법

1. 장어뼈는 차가운 물에 3시간 정도 담그고 3~4번 헹궈 핏물을 뺀다.
2. 장어뼈와 양파, 대파, 통생강은 두툼하게 자른 후 중간 불에서 석쇠에 굽는다(직화).
3. 냄비에 모든 재료를 넣고 주걱으로 저어 가며 약한 불에서 끓여 국물을 1/3로 졸인다.
4. 알맞게 졸면 고운체에 소창을 깔고 조금씩 부어 가며 소스를 내린 후 사용한다.

장어뼈 5마리 분량
양파 1개
대파(흰 부분) 1줄기
통생강 2톨
장어뼈육수 500mL
(114쪽 참고)
진간장 180mL
정종 180mL
통계피 1개
월계수잎 3장
흑설탕 300g
맛술 100mL

**MEMO**

장어구이를 할 때는 준비한 장어데리야키소스를 장어에 발라 초벌구이한 후 3번 정도 소스를 발리 구우면 된다. 장어구이 위에 얇게 썬 생강채와 산초가루, 무순을 같이 곁들이면 더욱 맛있다. 산초를 장어와 함께 사용하면 산초가 장어의 느끼함과 냄새를 제거해 주어 장어의 맛이 증가한다.

육수로 만드는 소스

# 홍파프리카소스
red paprika sauce

### information

• 맛의 특징   파프리카 맛과 레몬의 상큼함이 돋보이는 소스

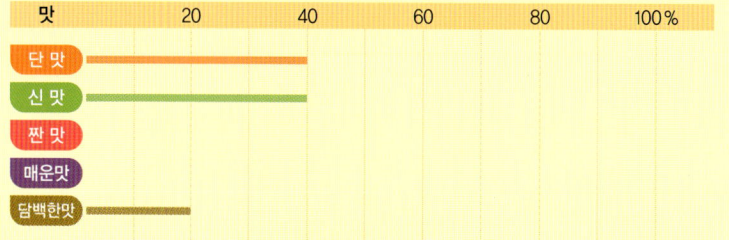

• 보관 기간   냉장 보관 2일(냉동시키지 말 것)
• 어울리는 요리   해산물샐러드, 생선스테이크, 해산물구이

## 만드는 법

1. 홍파프리카는 반으로 갈라 꼭지와 씨를 제거한 후 2~3cm의 적당한 크기로 자른다.
2. 레몬은 즙을 짜서 준비한다.
3. 냄비에 생선뼈육수(첫 번째)와 백포도주를 넣고 끓기 시작하면 잘라 둔 홍파프리카를 넣어 중간 불에서 20분간 삶는다.
4. 3의 삶은 홍파프리카와 육수를 믹서에 넣고, 여기에 식초와 레몬즙, 설탕, 소금, 흰 후춧가루를 넣고 같이 간다.
5. 4에 올리브유를 조금씩 넣어 가며 같이 잘 섞은 후 고운체를 이용해 소스를 걸러 완성한다.

 재료

홍파프리카 4개
레몬 1개
생선뼈육수(첫 번째) 250mL
(66쪽 참고)
백포도주 100mL
식초 70mL
설탕 1큰술
소금 약간
흰 후춧가루 1작은술
올리브유 50mL

### MEMO

**파프리카(paprika)**
'sweet pepper' 또는 'bell pepper'라고도 불리는 파프리카는 비타민 A, C 등 영양 성분이 많이 함유되어 있다. 잘게 썰어 요리 위에 뿌려 색을 내거나 소스나 수프 등에 밝은 색을 내고자 할 때 갈아 넣어 사용한다.

육수로 만드는 소스

# 아메리칸소스
american sauce

### information

- **맛의 특징**  새우의 향과 부드러움을 그대로 살린 소스

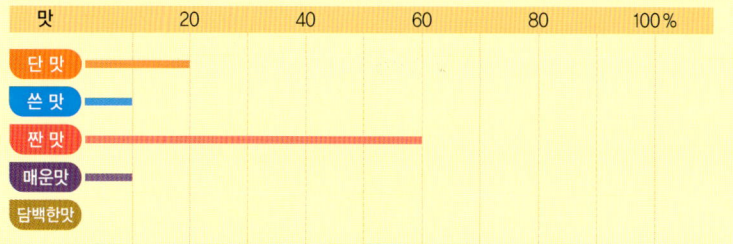

- **보관 기간**  냉장 보관 2일, 냉동 보관 1개월
- **어울리는 요리**  로브스터(바닷가재)구이 · 찜 요리

## 만드는 법

1. 통마늘과 양파, 당근, 셀러리는 얇게 썬다.
2. 팬에 식용유 1큰술을 두르고 중간 불에서 마늘을 연한 갈색이 나도록 볶은 후 양파와 당근, 셀러리를 넣고 연한 갈색이 나도록 볶는다.
3. 새우 껍질(또는 로브스터 껍데기)은 160℃로 예열한 오븐에 5분간 넣어 갈색으로 굽는다.
4. 냄비에 식용유 1큰술과 볶은 채소, 월계수잎, 구운 새우 껍질(또는 로브스터 껍데기)을 넣고 중간 불에서 볶다가 백포도주를 넣고 센 불에서 농도를 1/3로 졸인 후 생선뼈육수(두 번째)를 넣고 중간 불에서 끓인다.
5. 팬에 식용유 2큰술과 토마토페이스트를 넣고 약한 불에서 2분간 볶아 **4**에 넣는다.
6. **5**에 토마토를 넣고 으깨면서 끓이다가 국물이 1/2로 졸면 고운체에 건더기를 걸러 낸 후 소금과 후춧가루로 간하여 소스를 완성한다.

### 재료

- 통마늘 2쪽
- 양파 100g
- 당근 50g
- 셀러리 30g
- 식용유 4큰술
- 새우 껍질(또는 로브스터 껍데기) 200g
- 월계수잎 2장
- 백포도주 50mL
- 생선뼈육수(두 번째) 200mL (72쪽 참고)
- 토마토페이스트 150g
- 토마토 3개
- 소금 · 후춧가루 약간씩

**육수로 만드는 소스**

# 데미글라스소스
demi-glace sauce

## information

- 맛의 특징   우려낸 소스와 향신료의 향이 잘 어울리는 소스
- 보관 기간   냉장 보관 3일, 냉동 보관 1개월
- 어울리는 요리   스테이크(스테이크소스를 만들기 위한 기본 소스)

## 만드는 법

1. 냄비에 쇠고기·뼈육수를 넣고 센 불에서 끓인다.
2. 팬에 식용유 1큰술을 두르고 통마늘을 볶아 갈색빛을 띠기 시작하면 적포도주를 넣고 플람베한 후 중간 불에서 1/2 정도로 졸여 **1**에 넣는다.
3. 팬에 식용유 1큰술과 토마토페이스트를 넣고 약한 불에서 5분간 볶아 **2**에 넣는다.
4. **3**에 토마토와 향신료(타임, 월계수잎, 검은 통후추)를 넣고 끓으면 떠오르는 거품과 이물질을 제거하고 중간 불로 줄여서 1시간 동안 끓인 후 건더기를 고운체에 걸러 내어 소스를 완성한다.

### 재료

쇠고기·뼈육수 2L (210쪽 참고)
식용유 2큰술
통마늘 5쪽
적포도주 1/5병
토마토페이스트 3큰술
토마토 2개
향신료(타임 1줄기, 월계수잎 2장, 검은 통후추 5알)
밀가루 2큰술
소금 1작은술

### MEMO

**데미글라스소스(demi-glace sauce)**
'demi'는 'half', 'glace'는 'glaze'와 같은 뜻이다. 풀이하면 '절반으로 졸인, 윤기 나는 소스'이다. 쇠고기와 쇠뼈가 들어가면 젤라틴 성분과 지방 성분이 소스 표면에 반짝거리는 듯한 느낌을 주는데, 이러한 소스가 모체 소스가 되는 데미글라스소스이다.
전문 조리사들은 깊은 맛이 나는 데미글라스소스를 만들기 위해 소량일 경우에는 2시간 이상, 대량일 경우에는 1주일 이상 끓여 사용하기도 한다.

## 적포도주소스

육수로 만드는 소스

red wine sauce

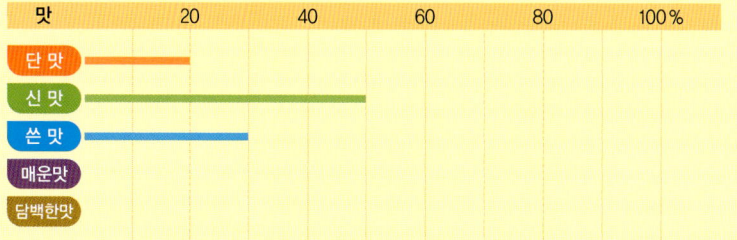

## 만드는 법

1. 양파는 얇게 채 썬다.
2. 냄비에 올리브유를 두르고 채 썬 양파와 통마늘을 넣어 중간 불에서 볶다가 양파가 진한 갈색빛을 띠기 시작하면 적포도주를 넣고 끓인다.
3. 적포도주가 끓으면 불을 붙여 알코올을 증발시킨 후 타임과 월계수잎, 검은 통후추를 넣고 졸인다.
4. 적포도주가 반으로 졸아들면 타임과 월계수잎, 검은 통후추를 건져 낸다.
5. 4에 데미글라스소스를 넣고 약한 불에서 끓이며 꿀을 넣어 농도를 조절한다.
6. 소금과 후춧가루로 간하여 소스를 완성한다.

 재료

양파 2개
올리브유 30mL
통마늘 2쪽
적포도주 1병(750mL)
타임 3줄기
월계수잎 2장
검은 통후추 10알
데미글라스소스 100mL
(268쪽 참고)
꿀 1큰술
소금·후춧가루 약간씩

**MEMO**

### 모체 소스(mother sauce)
스테이크소스를 만든다고 가정해 보자. 스테이크소스를 만들기 위해 맨 처음 해야 할 작업은 육수를 만드는 것이다. 그 다음에 다시 채소와 뼈를 구워 육수와 함께 오랫동안 끓여 졸인다. 이것이 소스를 만드는 작업의 기본이며, 이렇게 해서 만들어지는 것이 모체 소스이다.

# 비가라드소스
bigarade sauce

## information

- **맛의 특징**  오렌지 특유의 새콤하고 신선한 맛이 그대로 녹아 있는 소스

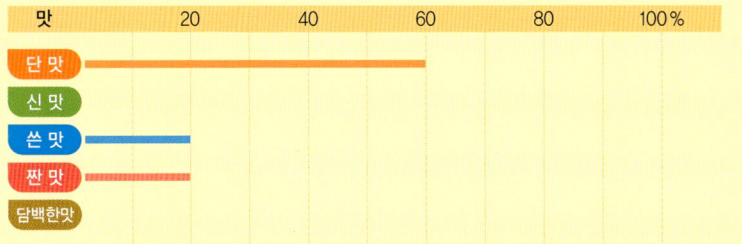

- **보관 기간**  냉장 보관 2일, 냉동 보관 15일
- **어울리는 요리**  가금류, 스테이크

## 만드는 법

1. 오렌지는 껍질을 벗겨 안쪽의 하얀 부분을 제거하고 노란색 껍질을 길게 채 썬 후 끓는 물에 데치고 찬물에 담가 쓴맛을 제거한다. 오렌지 과육은 즙을 짜서 준비한다.
2. 팬에 설탕을 넣고 중간 불에서 천천히 끓여 연한 갈색빛이 나면 적포도주를 넣고 센 불에서 플람베한다.
3. 2에 오렌지즙을 넣고 중간 불에서 1/3로 졸인 후 오렌지 껍질을 넣고 약한 불에서 2~3분간 천천히 끓인다.
4. 3에 브랜디와 데미글라스소스를 넣고 끓인 후 소금과 검은 후춧가루로 간하여 소스를 완성한다.

### 재료

오렌지(또는 자몽) 1/2개
설탕 1큰술
적포도주 1큰술
브랜디 1작은술
데미글라스소스(또는 에스파뇰소스) 100mL
(268쪽 참고)
소금 1작은술
검은 후춧가루 1/3작은술

### MEMU

**비가라드소스(bigarade sauce)**
프랑스에서 유래한 정통 브라운소스인 비가라드소스는 쇠고기 육즙이나 오리 육즙, 오렌지와 레몬주스로 만든 오렌지맛 소스로서 오리 요리, 칠면조 요리, 닭 요리에 많이 사용한다.

육수로 만드는 소스

# 샤쇠르소스
chasseur sauce

## information

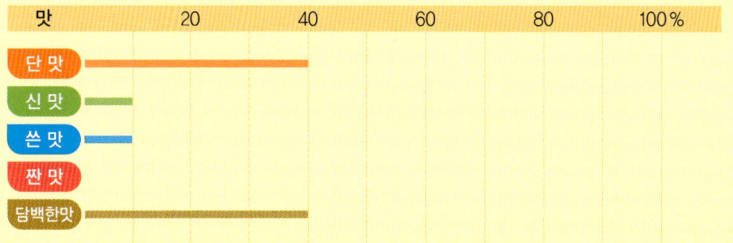

- 맛의 특징   데미글라스소스의 깊은 맛과 양파·양송이의 단맛이 잘 어울리는 소스
- 보관 기간   냉장 보관 3일, 냉동 보관 15일
- 어울리는 요리   스테이크, 포크커틀릿

## 만드는 법

1. 양파는 씻어 물기를 제거하고 얇게 채 썬다.
2. 양송이는 흙을 털어내고 흐르는 물에 씻은 후 양송이 단면이 보이도록 얇게 썬다.
3. 팬에 식용유 2큰술을 두르고 채 썬 양파를 넣어 중간 불에서 볶는다.
4. 양파의 숨이 죽으면 양송이를 넣고 센 불에서 1분간 볶다가 백포도주를 넣고 졸인다.
5. 백포도주가 양파와 양송이에 졸아들면 토마토케첩을 넣고 볶다가 데미글라스소스와 계피가루를 넣고 끓인다.
6. 끓으면 소금과 후춧가루로 간을 한 후 불을 끄고 꿀을 넣어 소스를 완성한다.

### 재료

양파 1개
양송이 10개
식용유 2큰술
백포도주 30mL
토마토케첩 2작은술
데미글라스소스 500mL
(268쪽 참고)
계피가루 1작은술
소금 1작은술
후춧가루 1/3작은술
꿀 1작은술

### MEMO

**샤쇠르소스(chasseur sauce)**
샤쇠르는 프랑스어로 사냥꾼이라는 뜻을 가진 단어로 샤쇠르소스는 버섯, 토마토, 백포도주 등을 넣어 만든 브라운소스를 말한다. 발음에 따라 흔히 샤슈르소스, 샤스루소스라고도 불린다.

육수로 만드는 소스

# 탕수육소스

## information

- 맛의 특징  계피 향이 어우러진 새콤달콤한 맛이 특징인 소스
- 보관 기간  냉장 보관 4일(냉동시키지 말 것)
- 어울리는 요리  튀김 요리

## 만드는 법

1. 냄비에 돼지뼈육수와 물, 다진 마늘, 다진 생강, 통계피를 넣고 센 불에서 끓인다.
2. 끓으면 간장과 식초, 설탕을 넣고 중간 불에서 끓인다.
3. 다시 끓어오르면 물녹말을 조금씩 넣어 가며 농도를 맞춰 소스를 완성한다.

재료

돼지뼈육수 150mL
(222쪽 참고)
물 100mL
다진 마늘 1작은술
다진 생강 1/5작은술
통계피 50g
간장 5큰술
식초 10큰술
설탕 5큰술
물녹말 2~4큰술

**MEMO**
- 돼지뼈육수 대신 닭육수를 활용해도 된다.
- 기호에 따라 파인애플과 피망, 견과류 등을 곁들여도 좋다.
- 물녹말(물전분)은 녹말과 물의 비율을 1 : 2로 넣고 숟가락으로 저어서 풀어 만든다. 바로 사용해도 되지만 1시간 정도 냉장고에 넣고 전분 특유의 냄새를 날린 뒤 사용하면 좋다.

육수로
만드는
소스

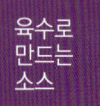

# 치킨데리야키소스

chicken teriyaki sauce

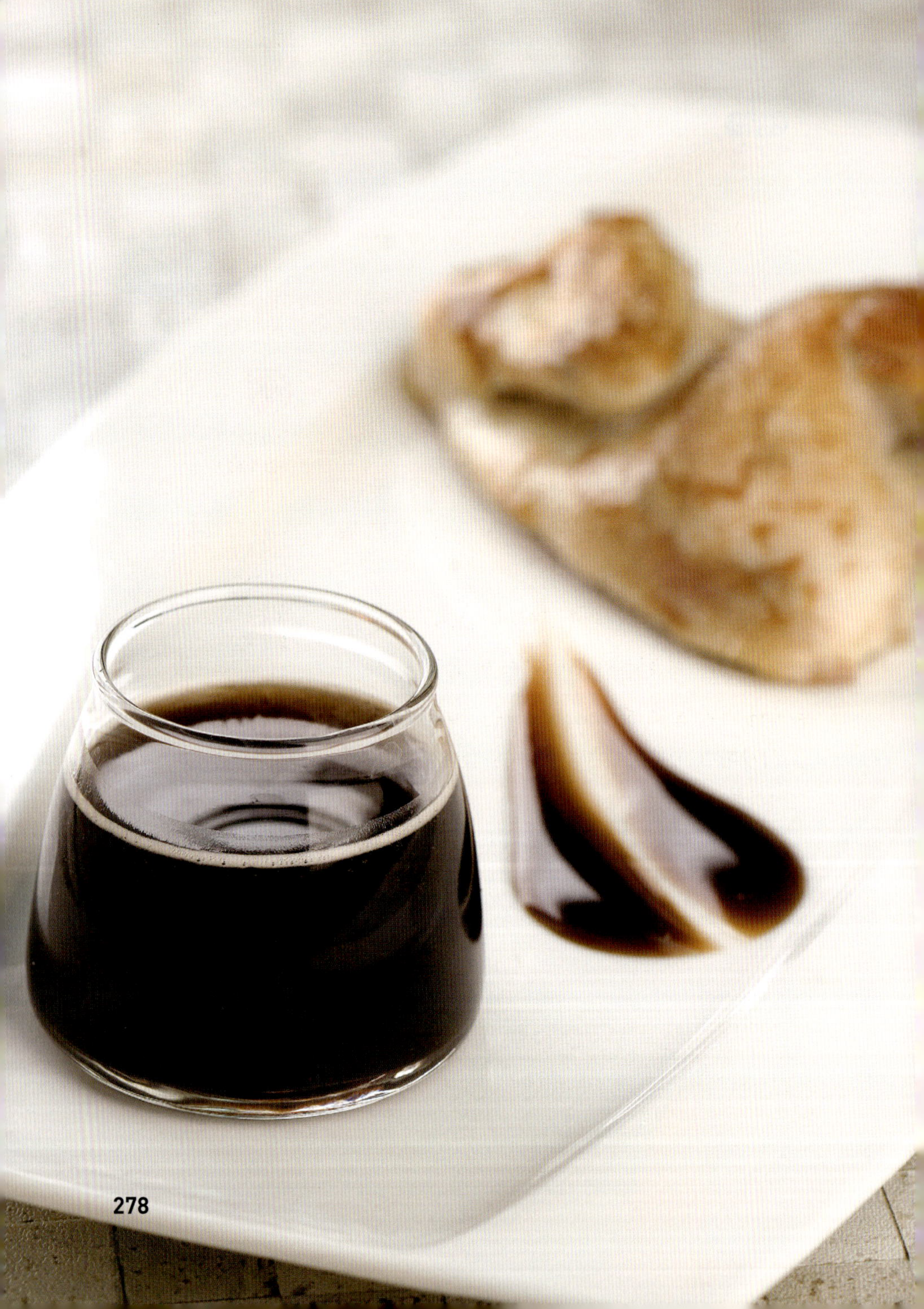

### information

- **맛의 특징**  구수한 맛이 스며든 달콤한 간장 맛 소스

- **보관 기간**  냉장 보관 5일, 냉동 보관 1개월
- **어울리는 요리**  닭구이, 꼬치 요리, 볶음 요리, 스테이크

## 만드는 법

1. 양파는 깍둑썰기로 자르고, 대파는 4등분한다.
2. 닭뼈는 찬물에 3시간 정도 담가 핏물을 뺀 후 180℃로 예열한 오븐에 넣고 20분 동안 구워 갈색으로 만든다.
3. 양파, 대파도 오븐에 넣고 갈색이 나도록 굽는다.
4. 냄비에 모든 재료를 넣고 센 불에서 끓인다.
5. 끓으면 약한 불로 줄이고 떠오르는 거품과 불순물을 제거하며 국물을 1/4로 졸인 후 불을 끄고 체로 건더기를 건져 낸다.
6. 소스가 따뜻할 때 한 번 더 면포에 거른 후 차갑게 식혀 조금씩 사용한다.

 **재료**

양파 2개
대파 1줄기
닭뼈 200g
닭육수(첫 번째) 1L
(228쪽 참고)
진간장 250mL
통계피 1/3개
월계수잎 2장
검은 통후추 10알
흑설탕 250g
맛술 200mL
정종 200mL
황물엿 150mL
파인애플 1/4캔
통마늘 10쪽

**MEMO**

**데리야키(照り焼き)**
데리야키는 양념구이를 뜻하는 일본어로 간장에 맛술 등 단맛이 나는 조미료를 넣어 맛을 낸 소스를 발라 가며 윤기 나게 굽는 것을 말한다. 생선 요리, 고기 요리 등 다양한 요리에 사용한다.

# 타이바비큐소스
thai barbecue sauce

- 맛의 특징  모든 바비큐 요리에 이상적인 맛을 낼 수 있는 매콤달콤한 소스
- 보관 기간  냉장 보관 2일(냉동시키지 말 것)
- 어울리는 요리  돼지고기구이, 닭구이, 바비큐 요리

## 만드는 법

1. 통마늘은 칼 옆면으로 눌러 으깬 후 곱게 다지고, 통후추도 칼을 이용하여 으깬다.
2. 양파는 잘게 다져 찬물에 1분간 담가 매운맛을 제거한 후 거즈로 감싸 물기를 제거한다.
3. 레몬은 즙을 짜서 준비한다.
4. 고수는 잎만 떼어 잘게 다진다.
5. 모든 재료를 냄비에 넣고 섞은 후 끓여서 소스를 완성한다.

통마늘 2쪽
통후추 3알
양파 1/4개
레몬 1개
고수 10g
닭육수(세 번째) 200mL
(244쪽 참고)
고운 고춧가루 2큰술
굵은 고춧가루 1작은술
식초 20mL
설탕 1큰술
토마토케첩 200g

### MEMO

**고수**

고수는 전 세계에서 고루 사용하는 허브이다. 맛이 톡 쏘면서 독특한 향이 있으며, 부패 방지에 효과가 있다. 아시아 전 지역에서 많이 사용하고 있으며, 특히 태국과 베트남, 중국, 인도 등지에서 많이 사용한다. 중국에서는 샹차이(香菜), 서양에서는 실란트로(cilantro) 또는 코리앤더(coriander)라고 부른다.

# 미트소스
meat sauce

## information

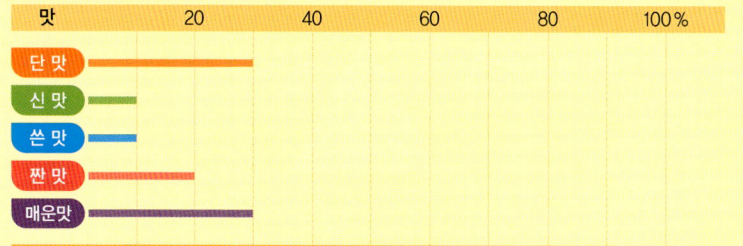

- 맛의 특징   채소와 고기가 어우러져 깊고 풍부한 맛을 내는 정통 소스
- 보관 기간   냉장 보관 3일, 냉동 보관 15일
- 어울리는 요리   파스타, 스파게티, 피자

## 만드는 법

1. 채소류와 표고버섯은 1cm 크기의 주사위 모양으로 자른다.
2. 냄비에 올리브유를 두르고 다진 마늘과 돼지고기 간 것, 다진 쇠고기를 넣고 볶다가 적포도주를 반쯤 넣고 완전히 졸인다.
3. 2에 양파와 셀러리, 당근, 표고버섯 순서로 넣어 고기와 같이 볶다가 적포도주를 마저 넣고 졸인다.
4. 3에 닭육수(세 번째)와 오레가노, 월계수잎, 로즈메리를 넣는다.
5. 4의 육수가 반으로 졸아들면 이탈리아 토마토홀을 손으로 으깨서 넣고 푹 끓인다.
6. 5가 반으로 줄어 되직해지면 파르마산 치즈가루, 타바스코와 소금, 후춧가루를 넣어 완성한다.

양파 1개
셀러리 1줄기
당근 1개
표고버섯 3개
올리브유 3큰술
다진 마늘 3큰술
돼지고기 간 것 100g
다진 쇠고기 300g
적포도주 100mL
닭육수(세 번째) 300mL
(244쪽 참고)
마른 오레가노 1작은술
월계수잎 2장
마른 로즈메리 1작은술
이탈리아 토마토홀(캔) 400g
파르마산 치즈가루 3큰술
타바스코 1작은술
소금·후춧가루 약간씩

**MEMO**

**타바스코(tabasco)**
톡 쏘는 향과 새콤한 매운맛의 소스로 세계인이 애용하는 소스 중 하나이다. 현재 매일 72만 개가 생산되며 전 세계 160여 개국에서 22개 언어별로 포장되어 수출되고 있다.

## 찾아보기

### ㄱ
가다랑어포육수 ·············· 166
갈비탕 ························ 258
갈색채소육수 ···················· 26
감자육수 ························ 16
감자탕 ························ 224
고기국수 ····················· 188
국수전골 ····················· 123
굴육수 ························ 132
굴탕 ·························· 134
김치육수 ························ 24
김치전골 ····················· 182
김치찌개 ····················· 220
꽃게육수(두 번째) ············ 92
꽃게육수(첫 번째) ············ 90
꽃게탕 ························ 156

### ㄷ
닭볶음탕 ····················· 240
닭육수(두 번째) ············· 234
닭육수(세 번째) ············· 244
닭육수(첫 번째) ············· 228
닭칼국수 ····················· 230
당근육수 ························ 18
더덕육수 ························ 34
데미글라스소스 ·············· 268
도가니탕 ····················· 190
도다리쑥국 ······················ 68
돼지고기육수 ················· 216
돼지뼈육수 ··················· 222
디포리(밴댕이)육수 ·········· 124
떡국 ·························· 184

### ㅁ
맑은갈색사골육수 ············ 186
맑은자연송이브로스 ············ 58
매생이수프 ··················· 138

매생잇국 ····················· 136
멸치국수 ····················· 118
멸치육수 ····················· 116
모둠채소육수 ···················· 48
모둠피클 ························ 44
모시조개육수 ···················· 96
문어국수 ····················· 176
문어육수 ····················· 174
물냉면 ························ 198
미네스트로네 ···················· 50
미역육수 ····················· 130
미트소스 ····················· 282
미트소스스파게티 ············ 226
민물고기매운탕 ················· 70

### ㅂ
바지락육수 ··················· 154
바지락칼국수 ················· 112
배추버섯된장국 ·············· 129
배추육수 ························ 52
버섯불고기 ······················ 28
버섯수프 ····················· 232
버섯전골 ····················· 200
버섯탕 ························ 242
봉골레파스타 ···················· 98
부대찌개 ····················· 120
부야베스 ························ 76
불고기낙지전골 ·············· 126
비가라드소스 ················· 272
비스크 ·························· 78
비지찌개 ····················· 218
비프콩소메 ··················· 204

### ㅅ
사골육수 ····················· 180
사천탕 ························ 144
사태육수 ····················· 192
사프란조개육수 ·············· 104

산야초육수 ················································ 40
새우육수 ···················································· 84
새우죽 ······················································· 88
새우탕 ······················································· 86
생선내장탕 ················································ 74
생선뼈육수(두 번째) ································ 72
생선뼈육수(첫 번째) ································ 66
생선완자탕 ················································ 71
생태찌개 ···················································· 94
샤부샤부 ·················································· 152
샤쇠르소스 ·············································· 274
설렁탕 ····················································· 256
성게국수 ·················································· 164
성게미역국 ·············································· 162
성게육수 ·················································· 160
쇠고기 · 뼈육수 ······································· 210
쇠고기얼갈이해장국 ······························· 212
쇠고기육수 ·············································· 202
쇠고기죽 ·················································· 208
쇠고기탕 ·················································· 206
순두부찌개 ·············································· 158
시래기된장국 ·········································· 122
쌀국수 ····················································· 236

### ㅇ

아메리칸소스 ·········································· 266
아스파라거스리소토 ································ 32
아스파라거스육수 ···································· 30
양배추육수 ················································ 22
양지머리육수 ·········································· 194
오리백숙 ·················································· 248
오리뼈육수 ·············································· 246
오분자기뚝배기 ······································ 128
완두콩육수 ················································ 14
육개장 ····················································· 196
일식 된장국 ············································ 168
일식 메밀국수 ········································ 170
일식 육수(다시) ······································· 82

### ㅈ

자연송이육수 ············································ 56
장어데리야키소스 ·································· 262
장어뼈육수 ·············································· 114
재첩국 ····················································· 254

재첩육수 ·················································· 140
적포도주소스 ·········································· 270
전복죽 ····················································· 102
전복찜 ····················································· 172
짬뽕 ························································· 146

### ㅊ

청국장 ····················································· 214
치킨데리야키소스 ·································· 278

### ㅋ

콩나물육수 ················································ 36
콩나물해장국 ············································ 38
쿠르부용 ···················································· 46
쿠르부용 이용하여 새우 삶기 ················ 47

### ㅌ

타이바비큐소스 ······································ 280
탕수육소스 ·············································· 276
토마토육수 ················································ 20
톰얌쿵 ····················································· 148

### ㅍ

파에야 ····················································· 106
포르치니버섯육수 ···································· 60
포르치니크림파스타 ································ 62

### ㅎ

한방삼계탕 ·············································· 238
해물전골 ·················································· 150
해산물우동육수 ········································ 80
해산물토마토파스타 ······························· 100
허브육수 ···················································· 42
홍파프리카소스 ······································ 264
홍합육수 ·················································· 142
황태육수 ·················································· 108
황태찜 ····················································· 110
황태해장국 ·············································· 252

식기 · 조리 기물 협찬

## 현대기물

주소 : 서울특별시 중구 남창동 32 남대문시장 중앙상가(수입 그릇 도매 상가) C동 3층
대표번호 : 02-776-1850
홈페이지 : http://www.dish114.com

## 깊고 진한 육수 백과

2015년 2월 15일  1판 1쇄
2017년 2월 25일  1판 2쇄

저자 : 안충훈 · 조원기
펴낸이 : 남상호

펴낸곳 : 도서출판 **예신**
www.yesin.co.kr

04317 서울시 용산구 효창원로 64길 6
대표전화 : 704-4233, 팩스 : 335-1986
등록번호 : 제3-01365호(2002.4.18)

**값 18,000원**

ISBN : 978-89-5649-119-6

\* 이 책에 실린 글이나 사진은 문서에 의한 출판사의
동의 없이 무단 전재 · 복제를 금합니다.